清瑜伽
防御术

QINGYUJIA FANGYUSHU

田艳清　杨霏◎著

民主与建设出版社
·北京·

图书在版编目（CIP）数据

清瑜伽防御术 / 田艳清，杨霏著.—北京：
民主与建设出版社，2018. 7
ISBN 978-7-5139-2210-4

Ⅰ.①清… Ⅱ.①田… ②杨… Ⅲ.①防身术—基本
知识 Ⅳ.①G852.4

中国版本图书馆CIP数据核字（2018）第155646号

清瑜伽防御术
QING YU JIA FANG YU SHU

出 版 人　李声笑
著　　者　田艳清　杨霏
责任编辑　刘　芳
封面设计　北京中尚图文化传播有限公司
出版发行　民主与建设出版社有限责任公司
电　　话　（010）59417747　59419778
社　　址　北京市海淀区西三环中路10号望海楼E座7层
邮　　编　100142
印　　刷　炫彩（天津）印刷有限责任公司
版　　次　2018年8月第1版　2018年8月第1次印刷
开　　本　710mm × 1000mm　1/16
印　　张　17
字　　数　113千字
书　　号　ISBN 978-7-5139-2210-4
定　　价　69.00元

注：如有印、装质量问题，请与出版社联系。

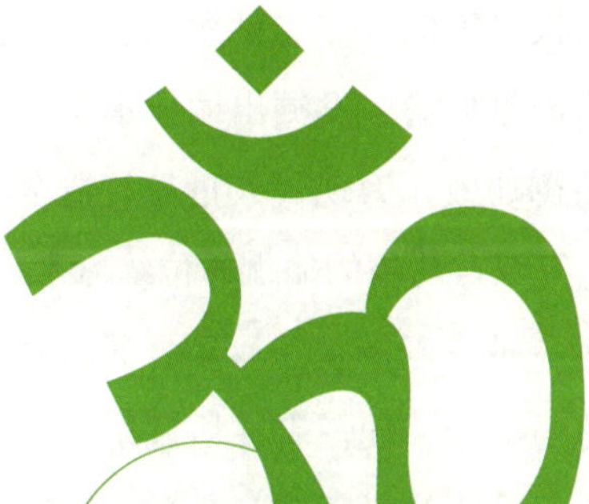

　　本书由关于瑜伽、清瑜伽防御术基础十三式传统课程、清瑜伽防御术心法讲解、清瑜伽防御术实践与实用及清瑜伽防御术在家练习计划五个章节组成。由极具天赋并具有多年教学经验的专业瑜伽老师田艳清发掘、主创；由出身武术名门、太极世家的杨霏老师发掘、辅创。其独特之处在于，依托于瑜伽典籍，发掘出瑜伽本具却一直因被人忽略而隐没的防御功效，为现代人量身打造全方面的，同时具备健身与防卫双重功用的瑜伽体位练习术。

　　瑜伽作为一种古老的智慧运动，通过对呼吸、冥想及体位法的训练与配合，使三者在协调统一的状态下，调节血脂、促进人体植物神经系统和内分泌功能正常化，纠正精神的不安和感情的紊乱，促使心神平静，从而有效缓解与消除现代人因生活节奏过快而带来的紧张压力与疲倦，保证心态平和健康。并通过准确合理的瑜伽伸展姿势，有效舒展身体，燃烧脂肪，增强身体柔韧性、改善颈椎与脊椎问题、调整正确的坐姿与站姿，在美体塑形的同时，加强各肌体器官的功能，增强控制、柔韧和协调能力，使人得到身体与心灵的双重收益。

　　而清瑜伽防御术作为对传统瑜伽体位法的拓展，在上述功效之外，还增加了瑜伽的防御性功能。在整个教学过程中，以清晰明了的指导语言及示范动作，结合专业的瑜

伽体位法，将其细化、强化、转化，并以实际情况来演示运用，使练习者从简单到复杂、从生疏到熟练、从舒缓到迅速，循序渐进地学习、掌握整个课程。

清瑜伽防御术适合所有瑜伽爱好者、初习者、修习者乃至专业者！让每一个修习者都可以在修习瑜伽的同时提升自我防御的能力，达到内圣外王之境界，从而真正实现瑜伽非暴力的理念。

自序一

1

自 1985 年，《慧兰瑜伽》初登 CCTV 5 体育频道之时起，"瑜伽"一词便在中国传播开来。30 多年过去了，瑜伽这项运动早已深入人心。如今的瑜伽不但成为一种时尚的健身方法、一种行之有效的解压途径，甚至被定义成了一种生活方式。瑜伽，似乎已完全融入人们的生活当中。

街道上，随处可见的瑜伽馆；书店中，品类繁多的瑜伽书籍、音像制品；生活圈子中，众多练习瑜伽的亲朋好友……这都表示着瑜伽这项古老的智慧运动在当今时代依然活力充沛，并在继续创造着不输于往日的新繁荣。

随着时代的发展与社会的进步，一方面为了迎合新的时尚潮流，另一方面为了针对不同的受众人群，瑜伽的派别与种类也在日益扩大，如传统的哈他瑜伽、昆达利尼瑜伽、奉爱瑜伽、业瑜伽；经近现代的发展而得以凸显出来的阿斯汤伽瑜伽、艾扬格瑜伽；历史很短的流瑜伽、阴瑜伽、热瑜伽、高空瑜伽、水中瑜伽等等。除去瑜伽本身的派系分化，瑜伽与其他各领域间也都表现出了合流与互融之势。如瑜伽与茶道、瑜伽与易经、瑜伽与武术（套路）、瑜伽与体育，甚至于瑜伽与音乐、美容、塑形、养生等等，不胜枚举。

就是在这么一个成熟的时刻，清瑜伽防御术诞生了。清瑜伽防御术是百分之百纯粹的瑜伽，是对瑜伽本身之功能的拓展与应用，使瑜伽体位法在之前所有有益功效的基础上，拓展出防御技击的功效。

2

清瑜伽防御术所追求的目标并非是技击搏斗、杀伤甚至致死对手的技术方法，而是通过瑜伽修习后所达到的一种自然的、身体协调、劲力顺畅、心态平和、肌肉若一的状态。并在此状态之下，通过体位法的变化运用，从而达到在暴力事件突发时，我们可以具备自我保护以及保护弱小的能力，给自己创造一个在暴力面前得以反击及逃生的机会。所以，清瑜伽防御术的目标，即瑜伽之目标——非暴力。

真正的非暴力，是一种超越暴力与不暴力二元对立的绝对；是一种完全去除了本我自私，完全弃绝了功利是非，完全不计成本、结果的责任担当；是一种当仁不让的大勇气；是对天地之道、日月规则的纯善性的完全执行。其过程超越了世间道德、人伦情怀、是非利益以及世间所有一切难以超越却又必须超越的事与情。

正如《博伽梵歌》在其开篇中所描述的那样，阿诸那面对发起非正义战争的血脉亲人，只考虑到世间的权势利益与人伦情怀，从而不愿与亲人们为了争夺象征着权势利益的王位而战斗，几乎失去了一个刹帝利的职责与尊严，所以奎师那评价其为："有智慧的人却说出了愚人的话来。"后在奎师那那超然智慧的教导下，阿诸那终于完全弃绝了自我的概念，清除了自私的心欲，只出于一种无缘的慈悲与利生的信念，充分发挥出了自己出众的军事才能与高超武技，坚持完成了这场己方正义彼方非正义的艰苦战争。

3

清瑜伽防御术的宗旨与理念完全传承于瑜伽圣典《博伽梵歌》中奎师那对阿诸那的教导，即："非暴力的无私奉爱精神！"清瑜伽防御术亦是这么一种精神！

本书献给众多的瑜伽爱好者及修习者，希望通过对清瑜伽防御术的练习，可以在达到防身护生的同时，还能够给那些已经练习了多年瑜伽却依然对瑜伽保有万分热情者，提供一个展现自己瑜伽功夫的新途径；给那些已经练习了多年瑜伽却已然对瑜伽失去初时热情者，提供一个相对新鲜有趣的瑜伽新领域；给那些初习瑜伽者，提供一个把瑜

伽坚持下去的好理由；给那些刚刚萌生学习之心的瑜伽爱好者，提供一个学习瑜伽的坚定信念的好由头。

希望读者从本书中体味到更多的新鲜感与惊喜，并在不失传统瑜伽精髓的前提下，能够给这项古老的智慧运动增添些许的新活力，发掘出其本具的却还未被发觉的新功效。

杨 霏

2017 年 08 月 08 日　北京

自序二

我是 2003 年在健身房开始接触瑜伽的。刚开始，我只是把其作为运动过后的伸展练习来运用的。但是，我觉得瑜伽不只是这些，于是便开始疯狂地搜寻瑜伽的真谛。

那个时候的资源远没有现在的多，无论从网上还是书店里，能搜寻到的瑜伽的书籍和光盘是寥寥无几的，内容也比较单一。那时候我有幸认识我的启蒙老师王媛，后在她的引荐下认识巴克提瑜伽传承人彼得老师（从学于A.C.巴克悌维丹塔·斯瓦米·帕布帕德之弟子柏忠言先生），他们从理论到实践，向我打开了瑜伽的新大门。原来瑜伽不只是体位法，还有非常多的浩瀚的理论传承。从此，我爱上了瑜伽，并将其作为职业，边学习探索，边教导。

从 2004—2017 年，我专注于在北京各个瑜伽馆及健身房教授瑜伽课程，期间也没有间断瑜伽的学习，《瑜伽经》《博伽梵歌》及《罗摩衍那》等瑜伽经典，为我提供了很多的精神食粮。

在教学上，除了巴克悌瑜伽的上课方式，我更完成了阿斯汤伽瑜伽、艾扬格瑜伽、流瑜伽的进修，其在教学模式上让我的课程更加完善。

经过十几年学、教、思、讲的过程，我对瑜伽有了更为清晰的认知与定义，并切身体悟了瑜伽之术（体位法、

呼吸法、契合法、收束法等），感悟了瑜伽之慧（生活方式、生活态度、哲学思辨、生命科学等）。

2007年，我又有幸接触到了中国传统文化，特别是太极拳文化。就像乍一接触到巴克悌瑜伽时所产生的震惊一样，当我初次领略到真正而纯粹的太极拳时，其震撼之感甚至尤过当年。我不禁暗自惊赞于太极拳与瑜伽这两项具有古老文明底蕴及丰厚文化内涵的智慧运动，所展现出来的人类的无穷智慧与无限能力。

从2008年至2017年初，虽然越来越多、越来越深地接触了太极拳，但我却从未放下瑜伽这项主业，也没有真正地、深入地学习、练习过太极拳。如果说瑜伽是每日主餐的话，那么太极拳顶多就只算是零食小点了，这期间瑜伽与太极虽是交叉出现于我的生活中，但在我的内心，此两者却从未产生过任何交集与碰撞。

直到2017年，在一次对经典的研习中，其中的一句话，竟激发出了我深深的思考。我不禁想：作为人与动物同具的四项基本需求，在传统瑜伽中对于前三项都已有了翔实的要求及训练方法。但对于防御方面，传统瑜伽却略显空缺。同样都是古老的智慧运动，既然太极拳可以在修身练体的基础上防身技击，那么，瑜伽体位法可以用于防身技击吗？

　　念头起处，当即试验，让我着实没有想到的是，瑜伽体位法似乎就是为了技击而生的，对于一切的递手与进招，只是将传统体位法稍加变化与组合，便可发挥出日常在瑜伽训练中所获得的身体特长，充分显露出瑜伽功夫的成果，协调、平顺、舒展、顺畅地完成整个技击过程，使敌处于不可抗拒的态势之下，溃败于一瞬之间。

　　从起初最常见的遇袭形式（如搂抱、抓发、禁锢等），到中期的远踢、近打、贴身摔等攻击模式，再到最后的散手对抗，我们都在传统体位法中找到了适合的体式与之相抗。其中最关键亦是最基础的体式综合为十三个，即摩天式、直角式、双角式、战斗式、树式、三角式、单腿站立伸展式、侧角式、舞王式、鸟王式、半月式、幻椅式、竖笛式。

　　而后我们又经过了反复的研习和运用，清瑜伽防御术十三式最终成型。

　　清瑜伽防御术十三式开创了瑜伽体位防御功用的先河，打破了瑜伽只是一项健康运动，其功用只能负责修身养性，这个深植于人们脑海中的固有的成见思维，使得瑜伽成为与太极拳一样，既可强身亦可防身，具有更加切身

及实际功用的多功效运动。而这功用，又是瑜伽体位法本来具足的。

至此，清瑜伽防御术十三式有了一个良好的开端。这传统的、经典的十三个瑜伽体位法，则是清瑜伽体位防御术之基础，之后的清瑜伽会发掘与拓展出更多的瑜伽体式的防御功用。感谢大家的认可与支持。

清瑜伽防御术创始人　田艳清

2017 年 08 月 10 日　北京

能够接触、认知瑜伽是一份福气与缘分，

能够练习、实践瑜伽是一种幸福与快乐，

能够坚持瑜伽是一种超凡的智慧与德行。

瑜伽，好似一味能愈万疾的良药，让我们心意平稳，

恬淡清静，

使我们的心灵与身体健康完美。

瑜伽，更给予我们智慧，使源自无知的困惑得以消除，

告知我们什么是责任与担当，

让我们懂得敬畏、谦卑、包容与感恩，

让我们学会认知、判断、果敢与坚韧，

让我们得到优美、健康、快乐与幸福。

瑜伽的修行，是自我非他的，

瑜伽的智慧，是源内非外的，

瑜伽的极致，是弃绝非执的，

瑜伽即是生活，幸福源于满足，

而幸福的生活则始于当下，始于瑜伽。

愿每一位有缘人都能够通过瑜伽，真正体味到，

自由、喜乐与安康。

清瑜伽倡导的生活理念——清规

家庭以和睦为兴旺，生活以平淡为幸福，

精进以守律为第一，疾病以少食为汤药，

烦恼以忍辱为智慧，是非以不辩为解脱，

待人以宽厚为己规，工作以尽心为有功，

语言以利人为生动，长幼以爱心为对待，

学问以勤奋为入门，道理以明白为无过，

时间以不住为警策，学习以精严为切实，

待客以至诚为供养，衣着以朴素为庄严，

凡事以预立为不劳，处众以谦恭为有礼，

遇险以不乱为定力，济物以慈悲为根本。

做人以知足为常乐，事业以德行为依托。

文化以经典为传承，创新以实践为基础。

行事以发心为首要，结果以无执为至善。

道场以无事为清静，修为以实证为得道。

古籍以四事为必须，生命以食睡为保障。

繁衍以交配为方法，生存以防卫为保证。

瑜伽以前三为传统，本派以第四为拓展。

清规以提倡为初心，生活以健康为方式。

规则以力行为实践，收获以改变为得到。

本派以祥和为归旨，技法以防御为展现。

脉络以奉爱为根源，发起以清安为缘起。

清瑜伽 * 论

田艳清　杨　霏

清瑜伽者，契古而生。相应为旨，奉爱为宗也。动之舒顺，静之和安。无过不及，随曲就伸。人刚我柔谓之转，我顺人背谓之展。动急则急应，动缓则缓随。式无定式，法无定法，虽变化万端，而理为一贯。由体式而渐悟得劲，由得劲而应化自然。然非功深训久，不能守一灵运焉。清灵奇巧，心静止水，不争不抗，随转随展，左争则左虚，右抗则右杳，仰之则弥高，俯之则弥深，进之舒伸长，退之转化促，纤毫力不受，顺势锁击发。以吾之功，克彼之技。人不知我，我独知人。瑜伽士所向无敌者，盖皆由此而及也。天下武技甚多，虽势有区别，盖不外壮欺弱，慢让快耳。有力打无力，手慢让手快，是皆落生自然之能，非关学力而为也。察四两拨千斤之句，显非力胜。观娉婷能御众之形，快何能为？体沉则滞，息促则倾。吃睡性御，众生为依，瑜伽重三，防御唯失。每见数年瑜伽纯功而不能御敌者，率皆失法而为人制，劲力未贯，运化

---

* 清瑜伽，欲显瑜伽防御之功用，此本源自瑜伽，为瑜伽之本具，却隐蔽未彰，自古难觅而今显，兴此宗之意：欲使习者心和体健、自信安康，不徒做争斗互搏末技之用也（清瑜伽宗旨：非暴力的无私奉爱）。

之功未悟耳。欲彰御术，依皈瑜伽，八支为体，防御为用，以体达用，以用显体。体用相济，劲始贯通。贯通后，身心相契，技理日精，勤学揣摩，方显运化之妙，尽展防御之功。招熟法彻，渐至从心所欲。本是舍己从人，多误舍近求远。所谓差之毫厘，谬以千里，学者不可不详辨焉。是为论。

目　录

第一章
关于瑜伽

关于传统瑜伽

关于清瑜伽防御术

第一节　关于传统瑜伽

一、瑜伽的历史起源

从婆罗门教到印度教：

约在公元前三四千年左右，原居中亚细亚一带的雅利安人分成两支进行迁徙，其中一支向西北进入了欧洲，另一支则向东南，而后再分成两支，一支进入伊朗，一支进入印度。进入印度的支系通过长期的征战，最终战胜了当地的原著民族——达罗毗荼，在南亚次大陆定居下来并建立了自己的国家。

随着国家的成立，战胜方自然而然地成为统治者，而被战胜的一方则沦为奴隶，形成了具有阶级化的社会。在此基础上，古代印度社会进而演变成为四个社会等级的社会，即婆罗门（祭祀贵族）、刹帝利（军事及统治贵族）、吠舍（自由民、劳动者）与首陀罗（奴隶）。

为了巩固自身的统治地位，雅利安人（意为高贵者）中的贵族统治阶级制定出了许多的"法"（达磨），同时通过宗教神话与宗教生活体制，使这些"法"被充分地赋予了神圣化的权威性。"法"强化了"四种姓"制度的细节，对四种姓的社会地位、权利、义务、生活方式及宗教地位做出了严格的规定。婆罗门教即是在此种情境之下得以产生的。

至公元前一千年左右，婆罗门祭司贵族们通过对早期吠陀时代的神话宗教和自然宗教的改编，使得婆罗门教不断发展壮大从而成为国教，婆罗门祭司贵族们亦因此而取得了统治特权，并提出"吠陀天启""祭祀万能"及"婆罗门至上"这三大婆罗门教纲领，以确保婆罗门种姓特权的神圣性，并完成了从早期吠陀阶段向后期吠陀阶段的时代转变。

　　婆罗门教作为印度社会的上层建筑，当然是为统治阶级的利益服务的。但在保障了婆罗门和刹帝利这两大统治贵族利益的同时，却将广大的首陀罗和其他"贱民"排除于宗教生活之外，自然引起了他们的失望与不满，加剧了社会矛盾。除了统治者与被统治者的矛盾外，在统治阶级内部，婆罗门至上主义，亦引发了所谓的第二等贵族——刹帝利的不满。故而至公元前5世纪前后，在印度兴起了各种非婆罗门教的宗教和宗教哲学思潮，它们主要兴起和传播于恒河流域，其代表人物则大多出身于刹帝利阶层，其中最主要的有佛教、耆那教及生活派。

　　随着佛教的兴起及不断壮大，婆罗门教固有的绝对地位不禁受到了冲击与动摇，但在不同王权的分别支持下，两者的对抗始终呈现出势均力敌的情势。在这样的长期对

抗中，婆罗门教为了得到更多的支持，一方面从自身的吠陀思想出发，发展出更具哲学思辨的奥义书思想体系，即吠檀多哲学（吠檀多就是一部分婆罗门学者所发挥并提出的，对于吠陀经典的终极意义的见解）。另一方面则在公元4世纪吸收了佛教、耆那教的若干教义和民间的多神信仰，逐渐演化为新婆罗门教——印度教。

在吸取及融合了其他宗教教义与大众信仰文化之后，婆罗门教更是运用了最通俗的宣传形式来宣扬新教义，编集了史诗《摩诃婆罗多》和《罗摩衍那》，以及具有大量的神话内容的《古史谭》。其中最具影响力的经典便是《摩诃婆罗多》中的哲学诗篇《博伽梵歌》。

《博伽梵歌》以俱卢之战为契机，在两军对阵的战场上，由奎师那亲自向阿诸那宣讲解说，主张每个人都要严守自己的阶层地位，发扬无私奉爱的理念，无所欲求、不执结果、尽职尽责地履行自己阶层的社会职责，并最终通过对至上神的虔诚信仰和热爱而得到解脱。这些思想，为古典婆罗门教向新婆罗门教（印度教）的发展起了极为重要的推动作用。同时，也发展并形成了系统的瑜伽的理论体系，从而促进了瑜伽教派的形成与发展。

二、瑜伽思想的确立

古典婆罗门教为了适应时代的发展与社会的需要，后期形成了六大基本系统，这六大系统分别为正理派、胜论派、数论派、弥曼沙派、吠檀多派及瑜伽派。这六大系统均属于正统的吠陀派分支，完全继承了吠陀经典思想与婆罗门教义，只是在吠陀最终极的奥义阐述上有所分歧。而不是像佛教或耆那教那样完全否定吠陀思想，否定婆罗门至上及四种姓原则。

作为六大体系之一的瑜伽，起源于吠陀经典，发展于数论派理论，属于一元论多神体系理论，可谓是印度文化最古老的记录。

大约于公元前 1 世纪，伟大的印度圣者帕坦伽利，在其著作《瑜伽经》中，首次将瑜伽这个词概念化，将瑜伽之修习过程理论化、系统化，使瑜伽成为独立于其他思想的特定之"见"（darsana，即见解、思想）。

《瑜伽经》的全文虽然只有几千言，但从瑜伽的目的、修习、力量和解脱四方面，全面、清晰地阐述了瑜伽的哲学概念、修习方法、修学次第与实践功效。同时提出了持戒、精进、体位、调息、摄心、专注、冥想和三昧的八支瑜伽法。为瑜伽的学习者指明了前进的方向，并为瑜伽本

宗之后的演化发展提供了依据与基础（如图 1-1）。

圣帕坦伽利的《瑜伽经》，从其成文的那一天起，便是瑜伽体系中绝对的权威经典，虽然此后又相继出现了许多可称经典的著作，但《瑜伽经》的绝对地位从未改变。

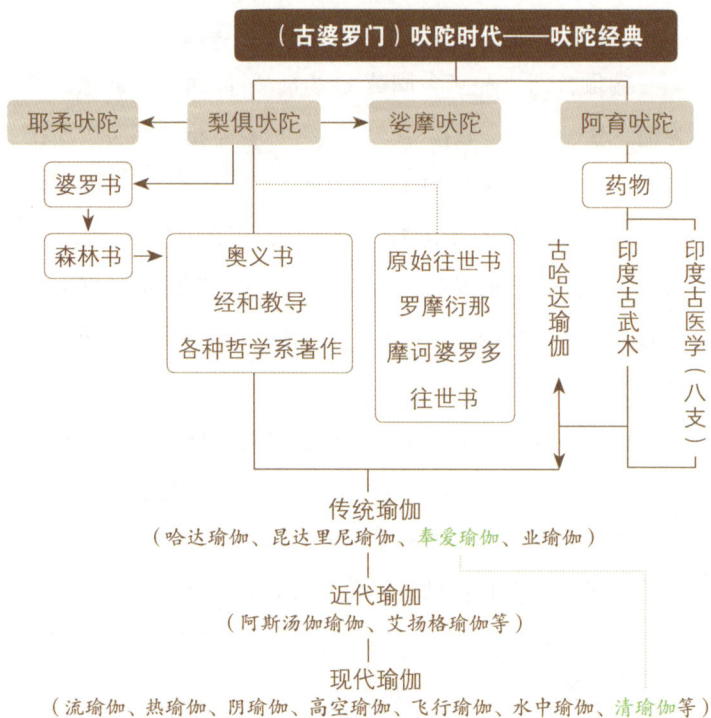

图 1-1 瑜伽起源传承脉络图

三、瑜伽的定义

"收摄、制诸根，以此离放逸，

人谓之瑜伽"

——《羯陀奥义书》

瑜伽，即"yoga"，同英文"yoke"同属一个词源，意为轭、套、套住、联接等。"yoke"原意是指将两头牛连在一起，起源于一种古代的农耕方法。

瑜伽在早期的奥义书中出现时，都在其本义上使用。而随着吠陀思想的发展，当瑜伽一词在中期的奥义书中出现时，其所表达的意思已有了充分的引申与发挥。同时也具有了"接受训练"的意思。

此时瑜伽一词的意义，则被引申为一种制伏诸根的训练方法，即通过正确的方法来将身体、心灵与呼吸这三者完美地整合调顺，从而达到自我之身、心、灵的和谐统一。

自身的完美整合只是狭义意义上的瑜伽境界，在以此为基础的前提下，进而才能够达到广义意义上的瑜伽境界，即人与天的融合统一（联接）。

简单地说，瑜伽就是通过如法的训练，达到自我完满，进而完成完满自我与无私大我的联接，开启本具之智慧，

回归寂静之自性的方法、过程与结果。

四、瑜伽的分类

瑜伽既是结果又是路径（方法），从结果而论，瑜伽是天人合一的终极境界；从过程论，瑜伽则是四条路线不同，但目标与目的地皆同的路径，这四条路径分别是：

1. 知识瑜伽之路：提供给爱好知识，善于学习并有强烈反省倾向的精神追求者的修习之路（以学习理论、知识，研读经典为主的瑜伽之路）。

2. 虔信瑜伽之路：特别提供给信心坚定，虔诚不二，对至上充满着强烈热爱与追求者的修习之路（以虔诚的皈依、礼拜、回向为主的瑜伽之路）。

3. 行业瑜伽之路：提供给难舍世间职责，具有强烈活动趋势者的修习之路（着重以世间法为主要修习方法的瑜伽之路）。

4. 修习瑜伽之路：提供给具有科学倾向，善于实践，按照科学的修习方法，次第地通过身心实验而达于至上者的修习之路（着重以出世间法为主要修习方法的瑜伽之路）（如图 1-2）。

图 1-2 瑜伽的分类

五、瑜伽的修习方法

瑜伽是控制心的意识波动。

——《瑜伽经》

灵修实践（瑜伽八支），一旦除去
所有的不净，人的精神视界，就会向给
予光明的阿特曼知识开启。

——《瑜伽经》

通过阅读和学习《瑜伽经》，我们可以知道，传统瑜伽最基本的修习方法就是八支法。而瑜伽八支则是一个完整的，渐进的，依次而兴立的修学法门。

只有当一个人能够完全合乎规矩的持戒及精进后才能够真正地通达体位法与调息术，继而守心摄意，使心意完全平静并受到控制，达到感官不受外界环境变化及物质诱惑影响的效果，而得定境（专注），进而定中起"观"（冥想），最终在定观双运的情境之下实现三昧。而三昧正是天人合一，道法自然的大境界。在此境界之下，人自然地达到弃绝，在无我的状态下无欲求、无执取地履行自己应尽的职责，毫无保留与欲求地奉献至爱。此时，修习者即可谓是真正的瑜伽士，其所有的行业则都会被定义为瑜伽。

所谓八支法具体所指：

（一）制戒

我们对环境的态度，其中包括五条：不害（不杀生、非暴力）、不偷盗、不妄语、没有不正当的性行为或性关系、不贪婪。

（二）内制

我们对自身的态度，其中包括五条：纯净、满足、保持良好的习惯、学习和研读经典、亲近善知识。

（三）体位法

身体运动的练习：为数众多的体位法。

（四）调息

呼吸运动的练习，即有意识、刻意地调整呼吸来取代无意识的呼吸模式。

（五）制感

感官的收摄，在瑜伽的经典比喻中，将五匹野马、车夫、坐车的人分别比喻为五官感受、意识及自我，而此三者协调的过程即为感官的收摄。

（六）摄心

专注于我们心识的能力。

（七）禅那

与我们寻求理解的对象发展相互作用的能力。

（八）三摩地

梵我合一。

六、瑜伽的派系及现状

瑜伽两大系：古典行动系和新派智慧系

（一）古典瑜伽系

今天人们谈到瑜伽时，通常所指的就是圣者帕坦伽利的古典瑜伽，此体系以《瑜伽经》为首要经典，提倡以行动得解脱，要求每个人都必须通过刻苦的修行与实践瑜伽，而得到自我之完满与解脱，并以《瑜伽经》中所记述的八支法为基本修习方法。

八支法本来是一套有着严格顺序的、系统的训练方法，是八支并重的统一体。但体位法与其他七支比较起来，能够带给人们一种最为直接的视觉效果与感官体验，故而其在八支法中脱颖而出，在当今最被人们所熟知与认可，甚至可以说，体位法已然成为古典瑜伽的代名词。

（二）新派瑜伽系

在历史上，得与圣帕坦伽利的古典瑜伽并驾齐驱的另一派系瑜伽，便是由柴坦尼亚所发起并提倡的巴克悌瑜伽（奉爱系瑜伽），或可暂称为新派瑜伽。此体系以圣典《博伽瓦谭》、圣典《博伽梵歌》为首要经典，提倡以智慧得解脱，要求每个人都必须通过无私的奉爱精神、不执结果、不求回报的真心向善、履职尽责地完成自身使命，从而摆脱苦厄、获得解脱。

如果说古典瑜伽是注重物质（身体）的修行，那么，新派瑜伽就是注重精神（智慧）的修行，但此两者从未真正地分离过。正如瑜伽的定义一样，它们两系自始至终都紧密"联结"在一起，彼此互容，彼此共长。

1. 瑜伽流派之演变。瑜伽在其传承的过程中（特别是古典瑜伽系），随着时间的推移，又衍生出了为数不少的新派系，由于各派系所奉精神与所依导师的不同，在同一思想原则下，渐渐地形成了风格不同的瑜伽训练体系：如传统的哈他瑜伽、昆达利尼瑜伽、业瑜伽、奉爱瑜伽，经近现代的发展而得以凸显出来的阿斯汤伽瑜伽、艾扬格瑜伽及历史更短的流瑜伽、阴瑜伽、热瑜伽、高空瑜伽等等。

2. 现状。经过时代的变迁，岁月的交替，传统的印度瑜伽已然脱掉了宗教的外衣，抛弃了深邃的哲学思辨，不再期求于脱离现世的苦难，不再执着于后世的解脱。瑜伽只单纯地成为一种生活方式，一种时尚的健身运动，一种修养心性的方法。如此定义，难言对错。因为瑜伽即道，而道本身就是那无是无不是的绝对！

附：关于瑜伽与奉爱瑜伽

首先，我们先说说什么是瑜伽。

通常来讲，一提到瑜伽，人们首先想到的解释就是"天人合一""梵我合一"，以至于是"神我合一"。但是，究其古意而言，瑜伽最主要的两层意思分别为"联结"与"相应"。

就"联结"一词而言，其所代表的是修行的过程与方法，也就是《瑜伽经》中一开篇就谈到的："控制心意识的波动即瑜伽。"就是说，我们只有通过运用瑜伽特有方法，也就是以瑜伽的八支分法为手段，才能够与至上，就是绝对真理产生沟通，在自己与真理之间搭建起一座联结彼此的桥梁。对于一个瑜伽爱好者，或者是一个瑜伽练习者而言，乃至是对于一个想要拥有幸福生活的普通人而言，这样的沟通都是非常必要的，也是必需的。

那么要怎么沟通呢？即通过瑜伽的八支分法，从生活上、瑜伽的课程上、冥想上等等来转变。

各派系的瑜伽体位法，会针对练习者的身体进行这样或者那样的调整。一节课中，有呼吸、凝视点、老师的语言引导、瑜伽冥想……《瑜伽经》说："当你的专注力持续

而稳定地流向同一个点，这就是冥想。"那么在上瑜伽课的过程中，您已经在一个冥想的过程。瑜伽的冥想不是一种精神体操，不是坐在那里想"阳光，沙滩，海岸……"，那个太初级。王绍璠先生曾经说过："什么是好人，就是没有时间去做坏事的人就是好人。"这句话很有道理。人性都有阴暗面，负面的、不好的，但是通过瑜伽至少在一节瑜伽课程中，您没有时间去想，或者去做坏事。更不要说身为一个瑜伽练习者，在平日中还要认真遵循其应守的戒律，即 YAMA（你不应做的、戒律）、NIYAMA（你应当做的、劝诫）。其中 YAMA 的五点为：1. 非暴力；2. 不偷窃；3. 不妄语；4. 没有不正当的性行为；5. 不贪婪。NIYAMA 的五点为：1. 正确的习惯；2. 纯净；3. 满足；4. 学习和研读经典；5. 亲近善知识。而后，包括体位法、调息、制感、摄心、禅那，最终到达三摩地。这些可以说就是我们与真理沟通的最直接的方法了。

　　其实说到底，与真理的沟通就是我们认知自我的过程，沟通的直接结果便是使我们的心、意识得到平静、安稳，使我们的身体得到健康，使我们的生活过得充实和满足，从而让我们自内心深处体会到真正的幸福与喜悦。也就是《博伽梵歌》中提到的"哪里有瑜伽，哪里便有自由、喜乐与安康"。

　　用最简单、最直白的话来总结的话，所谓的"联结"，就是通过如法的训练，达到自我完满的过程。

　　而与"联结"相对应的，相互补充使用的"相应"一词，所代表的为我们修习瑜伽时那个初始的目标。这个目标，即是初始，同时也是我们所欲达到的最终极的结果，即通过瑜伽合理的、规范的、科学的修习过程，来恢复我们的本来面目，恢复到那种纯粹的至善境界中去。修习的过程一定是刻意的、非自然的，甚至是痛苦的。但当你真正地通过这个艰辛的过程，而达到那个境界的时候，也就是真正地和"至上"相应、同一的时候，再在你身体上体现出来的一切行为，都必然是不求回报、不杂私欲、非刻意、自然的纯善活动，是真情流露。这时候，你不用再去练瑜伽，不用再去求取任何果报，你的心、意识都必将是平静的、自在的，身体必然是健康的，生活必然是满足的。而一个人只有真正得到满足的时候，才会是幸福的，也只有在这个时候，才是真正练到了瑜伽、练就了瑜伽，才达到了瑜伽真正意义上的"神我合一"。

　　同样，用最简单、最直白的话来说，所谓的"相应"就是向至上真理、无私大我的回归与合一。

所以，单从"瑜伽"一词的概念上说，修习瑜伽的过程为：相应——联结——相应。第一个相应是发心，是目标；第二个联结是过程，是手段；第三个相应是结果，是必然之后的自然，是痛苦、束缚之后的欢愉与洒脱。

　　最后，我们再将瑜伽的两重意思相结合，便能够得出瑜伽的基本定义：瑜伽就是通过如法的训练，达到自我完满，进而完成完满自我与无私大我（绝对真理）的联接，开启本具之智慧，回归寂静之自性的方法、过程与结果。

　　练习瑜伽最大的好处或最直观地体现为两点，一是通过瑜伽的练习，我们的身体强健了，身体各脏器的功能加强或改善了。其次，就是在思想上、认知上，我们会有所改变，通过瑜伽的练习，大家会发现，我们的杂念减少了，火气变小了，心胸开拓了等等。但是，相对于身体上的明显变化而言，我们内心的、思想的变化可能是更加隐秘的，可以说是一种潜移默化的改变。但这种改变却是会影响我们一生的。所以，希望大家能够在以瑜伽练体的同时，亦能够用瑜伽来练心。

　　有人说，通过练习瑜伽，他的欲望越来越小了。这句话，听来有道理，但未必正确。我们应该知道，欲望本身就是一种能动力，是一种支持、帮助我们进步的潜在力量，究其本质而言，应该说欲望是"中性"的。问题是我们如何去面对它、对待它。在奉爱瑜伽中，对于欲望是这么定义的："每个人都有欲望，这些欲望有好的，我认为是正面的，有坏的，我认为是负面的，通过瑜伽要把坏的欲望转化成好的欲望，那么这就是瑜伽要带给我们的。"如果按我所理解的话来说，便是："不生执着，不求结果的，能够帮助我们提升自我生命灵性的求索欲的那个欲望，是我们必须的、提倡的；反之，执着不放，追求名闻利养，计较得失成败，在追求世间一切财、色、名、食、睡的过程中，让我们的生命灵性大量消耗，致使我们坠落的贪求，永不满足的那个欲望，是我们应该抵制的、根除的。"

　　奉爱瑜伽所依托的理论经典为《薄伽梵往世书》及《博伽梵歌》，通过此两部典籍，我们可以知道，奉爱系瑜伽的核心原则，主要有三点：1.无私奉献，无执弃果；

2. 虔诚信仰，全心服务；3. 追求真理，实践修行。

奉爱瑜伽究其发展而言，其历史渊源流长，但其派系的壮大与发展则要追溯至距今五百年前，由柴坦尼亚所倡导并推广的哈瑞·奎师那唱诵运动。直至近现代更是因奉爱系一代宗师，圣恩 A·C·巴克悌韦丹塔·斯瓦米·帕布帕德大师，及其毕生所推行的"奎师那知觉运动"而复兴起来，又因蕙兰瑜伽的广泛流传而被大众所熟知。

奎师那，在奉爱系瑜伽中被称为"瑜伽源头"。因为瑜伽就是在宇宙诞生之初，经由奎师那所亲自宣讲与教授的。在这个派系里，以八支分法瑜伽为基础，以念颂、唱颂梵语诗歌（伟大的拯救颂歌）作为主要的修行方法。

其中，唱诵可以称为奉爱瑜伽之特色。奉爱系瑜伽士们相信，通过唱诵的方式可以达到净化心灵、提升灵性、回归灵性世界的目的。

除了唱诵，奉爱瑜伽也很注重体位法的训练。奉爱瑜伽的体位法，包括所有的瑜伽体式，为来练习瑜伽的朋友提供适合各个阶层的练习方法和序列。大家熟知的蕙兰瑜伽即为奉爱瑜伽体系。其系统的体位法教学可作为奉爱系瑜伽的课程参考。同时，奉爱瑜伽的冥想方式也多为语音冥想，通过唱诵和念诵"奎师那"的名号来达到"三摩地"

的境界。

奉爱瑜伽课程特色：

1. 体式繁多，自由组合。奉爱瑜伽没有固定的体位序列。每堂课程中一般维持在 20~30 个体位法左右。并可根据每堂课的学员情况，自由调节动作的难易程度和序列，以适应不同学员的不同需求，同时保持课程中的新鲜感。

2. 体位连贯，自然流畅。每个体式控制为 5~10 个呼吸，体式与体式之间在相对独立的基础上又能够和谐统一为一个整体，给练习者提供一个连贯的修学过程。

3. 体位对称，科学合理。每个体式在保持连贯的同时，并且遵循着对称的原理。即各体式间均要以左右相济、前后相随、上下相应为原则，保证整体训练过程中的平衡性。

4. 体位唱诵，身心兼修。每堂课在完成基本课程后，为了彰显出奉爱瑜伽的唱诵特色，特别保留 7~10 分钟的语音课程。让每一位学员在健身的同时，还能够获得心灵上的受益。

结尾处，我想说的是，瑜伽绝不只是简单的健身方法、活跃的精神体操、套路化的呼吸程序等等外在的显现形式。

瑜伽，应该是一种智慧，这种智慧，不是对外的，对他人的，而是对内的，对自己的。

　　练习瑜伽应该是我们自身"自我认知"的过程，是自己认识自己的过程。通过瑜伽的练习，我们会知道我们的伟大，同时，知道我们的渺小。伟大的，是我们与生俱来的，而因贪婪、自私而隐匿了的无限本能。渺小的，是我们被外欲紧紧缠裹着的自私小我。

　　学习瑜伽，我们首先应该是想要改变与突破自我，其次是运用合理的、科学的手段在实践过程中去达到这种改变与突破。只有通过瑜伽的智慧与方法，才能够认清自我，并在认清自我的同时认清什么才是我们最应该珍惜与追求的。

　　在整个的修学过程中，我们要学会运用两只手来实践瑜伽，一只手负责"放下"，另一只手负责"提起"。即放下贪、嗔、痴，放下自私、执着；提起戒、定、慧，提起无私、奉爱。

　　最后重申，瑜伽能够带给我们的利益，也许是与世间的财富、地位完全不相干的，但这利益是最真实的，最受用的，除了保持身体、心灵的双重健康之外，还有那超越物质的灵性提升。

　　但这些利益，绝不是说说就能得到的，试着去体悟它，感知它，真正地修习它，实践它，那么，这利益当下便能得到。

第二节 关于清瑜伽防御术

一、清瑜伽防御术总纲

纲曰：瑜伽大意，谓至上相应者。其初基有二：一曰治内，二曰攘外。于内身心和，则无障。对外无忧患，则无碍。无障无碍者，即以愉悦、自信之心而得无惧，加之专注力而达三摩地，始可入定、出定矣。知此乎，则性命双安，入道有基矣。

可令身心和健者，自修法是也。所谓攘外平治者，制人术是也。

其自修法，即传统瑜伽术，谓人生惑于情欲，一落有形之身，而周身内外悉为滓秽所染，心意双离，物困欲迷也。必自律归觉，离纷繁之瑕障，静心平意，得失一如，祛物欲以启智性，绝无明以契光辉，方可步入超凡入圣之门，达于逍遥自在之境。不如此，则进道无基。

其制人法，即清瑜伽防御术，谓人行世间，因果汇聚，所愿清静无妄，怎奈冤亲不离，急情偶遇，顿患恶缘难避。己身他身，失易而难得，人禽畜生，蜎飞蠕动，体虽有别而心念无二，驱善避恶者，有命者皆同也。加之修者慈无缘，悲同体，即无自保之心，亦必当具护生之念，以得人法双存。故偈云：即便心净如琉璃，为护法命亦御敌。心念慈悲手霹雳，保身护法得存。不如此，则进道无本。

所谓"自修"者，欲清其内；"制人"者，欲安其外。果能内清虚而外坚固，内无忧而外无扰，方可以康健之身、安和之心、平静之意、精巧之术，修持相续，行至善在日常之间，止杀戮于刀光剑影之下。如此行双修之道，获内外之功，达修己、护生之效，何患大道无成？

自修法善，身康体健。制人术巧，劲贯神灵。得此二者，方可谓得获瑜伽之益矣！

传统瑜伽者，一脉双枝，一重于慧，一重于行。精神以奉爱为首，实践以八支为要。派系虽繁，而路径为四，一者知识、二者虔信、三者行业、四者修习也。《瑜伽经》开篇既云：控制心意识波动者瑜伽也。故言之，以身体动作为依托，配合呼吸及冥想以净其意，欲达身、心、意三者和谐统一，在自我完满状态下入三摩地与至上合者，即传统瑜伽之核心矣。此处着重于自修其身、心、意，使之和谐无妄，得之以"内清虚而无忧"，而失之于"外坚固而无扰"也。

清瑜伽者，依托古籍，脉源奉爱，遵八支为法，体式为基，贯劲力而灵活运化，柔其形而威武神意，避彼实而击彼虚，尽展瑜伽实践之功，充显瑜伽精神之慧，外合身形动作之机，内契阴阳动静之理，动似行云流水，静若虎

踞龙盘，以平和胜强勇，以软弱胜坚刚，挖掘瑜伽本具之功，发挥瑜伽实用之效，以传统瑜伽理论、实践为皈旨，彰传统瑜伽久没之故色，在得以"内清虚而无忧"之时，亦得"外坚固而无扰"之境，可谓瑜伽术之双修矣。

欲有缘人因瑜伽而得感、得悟、得道；因清瑜伽而无妄、无虚、无惧矣！

此谓清瑜伽之总纲也！

二、清瑜伽防御术创立者介绍

清瑜伽防御术从理念产生到创立实行，跟我们自身的积累与经历有着极其密切的关系。

首先，主创者田艳清，自17岁起便投身于传统瑜伽的修习与教学中，19岁时接触到奉爱瑜伽，便将此作为毕生所追求的志向与目标，自此从未中断。经过十几年的理论学习与教学实践，在不断进步与完善的过程中，逐渐形成了自己的教学风格及理论特色。

其次，辅创者杨霏，字少云。出身于武术世家，禹廷拳法传承人。杨门在北京武术界已然屹立百余年，曾祖父杨禹廷宗师自幼遍学百家武术，弱冠之年便已名满江湖，后又专研太极拳，终身不二业，致力于武术事业八十余载，桃李满天下，最终成为一代武术宗师，太极巨擘。父亲杨鑫荣为杨禹廷老先生之长孙，禹廷拳法掌门人，自出生起，便跟随爷爷生活。很小时便在爷爷的亲身指导下学习武术、太极拳及中医正骨等，至今也已教授太极拳四十一年，其自身的太极拳技法更是已达炉火纯青之境。虽为太极隐士，但名声亦已传遍海内外。杨霏自幼便随父亲杨鑫荣先生教拳授课。从起初懵懵懂懂的跟随、玩闹，到后来的随意跟练、比画，再到后来的演练、展示、助教、讲授，至今已学练禹廷八十三式太极拳三十余年，教授十一年。更值得一提的是，其在太极拳圈子内，特别是在本门中，听了父亲无数的"劲儿"，挨了无数的"打"，可谓尽尝太极之味，深切地体悟了太极精髓。拳，不敢称精，却得门人称赞；学，难谓精进，却无一日懈怠；德，只求诚敬，与人为善。

清瑜伽防御术是我们在各自的领域内，经过了多年的沉淀与积累之后，依托于古老的瑜伽典籍，相互交流、碰撞所激发出来的产物。清瑜伽防御术并不是瑜伽与太极的相互融合，而是这两种古老智慧运动的自然契合。但不可否认的是，瑜伽是其创立之基础，太极是其拓展之来源，此二者缺一不可。

希望清瑜伽防御术能够带给所有瑜伽爱好者一种全新的瑜伽体验。给予每位练习者以安全感、实用性、快乐心和智慧。

三、清瑜伽防御术的缘起

我们作为瑜伽的追随者，除了日常的自我修习、带课教授外，研习经典也是每日的必修课。

在整个学习过程中，我们发现了一个问题，即：瑜伽圣典中反复提出的人与动物本身自具的四项基本欲求为吃、睡、交配和防御。而在现实中，在传统的瑜伽流派中，前三项有了详尽的修习方法和规则，唯独在防御方面略显空缺。依据瑜伽的根源而言，吠陀文化是其根基，其中《梨俱吠陀》发展出了完善的瑜伽经典理论文化；《阿育吠陀》发展出了印度古医学、古武术，并将此二者融入当时的哈达瑜伽中。如此推理，既然作为一切瑜伽派系根源的哈达瑜伽内含着古武术元素，难道瑜伽真的就不能防御技击吗？

带着此问题，我们进行了深入的沟通、研究和探索，并参看了大量的瑜伽体位法。随后，又在《博伽梵歌》

中总结出了瑜伽防御术的核心与原则，即非暴力的无私奉爱。

　　既然在瑜伽经典及传承脉络中，都找到了瑜伽能够成为防御术且本具防卫功效的理论基础。那么，下一步的工作便是如何在不改变传统体位法、不失传统体位法应有功效的基础上，拓展发挥出其防御功效。

　　正所谓实践是检验真理的唯一标准，在此原则下，我们依据各自所积累下的专业知识及实践能力，开始了对传统瑜伽体位法防御性功效的发掘工作。

　　继而，清瑜伽防御术就此诞生。

　　出乎我们想象的是，在实践演练的过程中，我们都觉得瑜伽似乎就是为了防御与技击而创造的，对于一切的假想禁锢与进攻，随意地运用起一个瑜伽体式，通过体式的变化与强化，都可以在尽展自身瑜伽功夫的同时完成防御与技击，达到克敌制胜的效果。

　　此后，我们又通过了无数次的潜心钻研与推敲演练，经过大量的运用实践，清瑜伽十三式最终得以定型完成。

　　这便是清瑜伽防御术之缘起。

四、清瑜伽防御术的概念：十三式的由来

清瑜伽防御术，即由田艳清老师所主创、杨霏老师辅创的瑜伽新派系，主要是在传统瑜伽，健身、修心的前提及基础上拓展出来的瑜伽体位防御术。其使学习者在学习瑜伽的过程中能够得到更多的收获与快乐，特别是让学习者能够通过学习瑜伽获得更大的自信心与安全感，乃至于在日常的生活中，在突发的危机面前，得以拥有一个泰然自若的心态与真实有效的防御技能。我们反复重申，清瑜伽防御术所追求的，并非是对抗、搏杀的技击技能，而是在生死关头，能够给自己创造一个逃生活命的机会。

鉴于清瑜伽防御术所针对的受众群体广泛，为了让所有热爱瑜伽的人都能够最快速、最有效地理解和掌握清瑜伽防御术的技巧与要领，同时便于大家连贯学习，我们特在为数众多的体位法中挑选出了十三个最经典，也是最基本的体位法，将其贯穿连接，组成一套清瑜伽防御术特有的（基础）十三式体位法并配之以心法讲解。此套基础十三式亦是后期清瑜伽防御术中、高级技法的基石与根本。

清瑜伽防御术十三式，一方面以十三个瑜伽体式炼体强身，另一方面，又暗契太极理念中的八门（八方，四正，四隅）五步（前、后、左、右、中）十三势的概念，让学习者在学习瑜伽、完善自身的同时增强方位感与攻防意识，使清瑜伽防御术在练习与实践过程中，更加凸显防御与技击之能效。

五、清瑜伽防御术的传承脉络及所依经典

清瑜伽防御术虽然在某些方面突破了传统的瑜伽概念，特别是在防御术的实际运用方面有其独特的拓展与创新，但究其核心内涵、根本理念与师承脉络而言，清瑜伽防御术则是传承、来源于奉爱瑜伽体系。主创者田艳清，在 18 岁时有幸遇到当今知名的瑜伽导师、中印文化传播者王媛老师，自此开始了瑜伽的修习，同年以"儿徒"身份跟随王媛老师共同生活、学习数年，期间协助王媛老师开办"天地心韵"瑜伽馆，并负责前期的教练培训及教案编写工作，同时带课授学。在此期间，由王媛老师引荐，更加有幸受教于奉爱系瑜伽传承人 A·C·巴克悌维丹塔·斯瓦米·帕布帕德法脉传人——柏忠言先生弟子彼得先生，故而开启了对于瑜伽灵性认识及生命科学理论的认知，充分接触及理解了印度文化的核心精髓，致力于实践无私奉爱的理念与非暴力的精神。正是因为有此传承与联系，故

清瑜伽防御术在其创立之初，便已确立了其核心理念为非暴力的无私奉爱。其所依之经典亦为奉爱系瑜伽著作《博伽梵歌》《博伽瓦谭》《觉悟自我的科学》等经典。

综上所述，清瑜伽防御术实为奉爱系之分支流派，其思想理念与奉爱系同宗同源，实为一贯也。

六、清瑜伽防御术的理念、目标与宗旨

清瑜伽防御术之理念：非暴力的无私奉爱。

清瑜伽防御术之目标：予人安全感，

予人实用性，

予人快乐心，

予人智慧知。

清瑜伽防御术之宗旨：以身心健康为基础，在有能力保护自己的前提下"能武不杀""宽厚仁爱"。

七、清瑜伽防御术的特点

（一）继承传统，发掘创新

在传统瑜伽的基础上发展出防御技术，加强了瑜伽在

日常生活中的实用性，增强了自身的保障能力。

（二）经典体式，合理组合

将十三个最基本的瑜伽体式相互串联。此十三式涵盖了瑜伽中较为经典之动作，难度易于调节，适合各个水平的学员练习。特别值得一提的是，不论您是哪个瑜伽流派的追随者或学习者，都可以在不改变本流派动作特色与技术要点的前提下，学习清瑜伽十三式。

（三）瑜伽太极，智慧契合

清瑜伽十三式除了保留传统的瑜伽体式训练法外，特别增加了体式心法讲解，并配合太极十三势的方位，让学员有章可循，有法可依，得以将神、形、意、念四者结合，以最快捷的方法掌握此十三式的劲力应用，在防御术中发挥特有之效果。

（四）模拟实战，观赏性强

由于清瑜伽防御术的主要特点在于其所独具的防御性，在平常的练习中又多配有实操演练，故而在模拟实战环节可观性极强。在学习一段时间之后，学员可以在瑜伽表演或技法展示环节上，为自己增加一个新亮点，提高兴趣度及自信心。

（五）以技达道，以道显德

清瑜伽防御术在前期训练时虽注重的是瑜伽体位法练

习与运用，但最终所追求及欲达到的结果与目的则是一个"原则"。这个终极原则就是瑜伽之定义"天人合一""梵我合一"，是一种从心态到身体的自然、平和与柔顺，在完全合乎自然法度与人体科学原理基础上的效果体现，即所谓的"得其寰中不知离也"。在时时不离"中（和谐）"的状态下，充分体现出无私行动与无缘奉爱的瑜伽境界。此境界或状态是可以运用于一切日常活动中的，即行、住、坐、卧、挑水、砍柴皆修行。

（六）导向文化，大益大用

清瑜伽防御术的最终导向为文化而非单一之技术。当清瑜伽从技术层面上升到文化层面时，其之大功大用方能尽显，真正让学习者获以大益，得以大用。

以上，为清瑜伽防御术之特点。

八、清瑜伽防御术之优势

在《博伽瓦谭》以及在圣恩 A·C·巴克悌维丹塔·斯瓦米·帕布帕德的教学中曾多次提及：人与动物在最基本的需求点上是完全相同的，即饮食、睡眠、交配和防卫。

饮食和睡眠是保障生命得以延续的基础，交配是保障种族得以延续的基础，而防御则是保障自身生存权的基础。在面对突然发生或随时发生的外来威胁时，机智敏捷的反应和岿然不动的内心，是至关重要的，因为只有具备此两点，才能够在最短的时间内做出最恰当判断、最有效的反应，而这两点的根源则是源自当事人自身所具备的强大能力，也就是我们常说的"艺高人胆大"。

清瑜伽防御术首先是瑜伽，便已具备了传统瑜伽的所有功效，而又在这些功效的基础上，给予了学习者自我保障的能力。这种能力，会最直接作用到我们的内心。从而在我们心境平稳的状态下，激发灵性能量，作用于身体行动，让我们的身、心、灵三者得以充分的协调与融合。从根本上增加安全感、提升起自信心，产生出欢喜、愉悦之情。

当一个人具备了安全感、自信心及欢愉心的时候，他才能够得以享受饮食，安稳睡眠，体味生活，热情饱满地投身于工作、家庭和生活当中。一个人的自信与乐观，可以带动一个家庭。一个家庭的自信与乐观，可以带动一个区域。一个区域的自信与乐观，则可以带动整个国家乃至世界。清瑜伽防御术恰是能够给人们带来安全感及自信心的一项运动。

这便是清瑜伽防御术的优势。

第二章
清瑜伽防御术
基础十三式传统课程

练习前注意事项

预备式

体位法（清瑜伽十三式）

瑜伽放松休息术

瑜伽的静坐与冥想

第一节 练习前注意事项

1．请尽量在饭后 2~4 个小时（根据食物的消化程度把握）后练习。在练习前可以清空肠道，如果条件允许，可以在练习前 30 分钟简单沐浴。

2．练习的地点尽量选择在自然、通风的环境，尽量避免在密闭、不通畅的地方练习，并在舒适的瑜伽垫或瑜伽毯上赤脚练习。

3．练习时的穿着，尽量舒适有弹性；尽量在练习时去除身体上的饰品，避免引起不必要的意外损伤。初学者尽量在老师的指导下练习。

4．近年来，有许多在瑜伽练习中受伤的案例。所以，注意做好热身活动，并在自己所能承受的范围内练习，避免用力过度所引发的拉伤和损伤。

5．练习瑜伽后 30 分钟内，尽量不要洗澡、吃东西或者剧烈运动，避免破坏身体的能量平衡。

第二节　预备式

- 站立式，平举双臂，握空拳，正反方向转动手腕（如图 1）。
- 两臂前伸，弯曲手肘，以指尖轻触肩头。以肩为轴，转动手肘，由小圈开始逐渐加大幅度至自己能做到的最大幅度。然后相反方向同样练习（如图 2 至 7）。

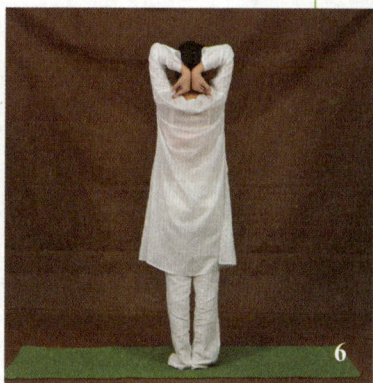

- 站立式，保持上身挺直，起右腿，双手抱膝，使右小腿垂直向下，放松并转动脚踝。注意保持平衡，然后交换另一侧（如图 8）。
- 还原上一步骤，抱膝后以右膝为轴，转动小腿，以小圈开始，逐渐加大幅度灵活膝盖（如图 9、10）。
- 站立式，双手掐腰，起右膝，向上、向前，然后尽量向外，灵活胯部。反方向后，交换另一侧膝盖练习（如图 11 至 15）。

- 站立式，双手抓右脚，使脚心反转向上，脚踝外侧尽量贴近左侧腹股沟处，自主地将右膝尽量向下。保持右脚踝不动（如图16）。
- 伸展侧腰：两脚与肩同宽，平举双臂，左臂向下，右臂向上，向左侧曲腰，尽量伸展右侧侧腰及右大臂下侧肌群，眼睛通过右大臂向上看。还原后，交换另一侧练习（如图17、18）。

13

14

15

16

17

18

第三节　体位法（清瑜伽十三式）

一、摩天式——拜日一式

（一）摩天式

1. 摩天式步骤：

- 站立式，两脚打开与肩同宽，双手合十于胸前。眼睛看向前方（如图1）。
- 吸气，以指尖带动手臂尽量向上伸展。大臂尽量贴近双耳，并使耳朵尽量远离肩膀（如图2）。
- 呼吸，同时重心慢慢移至前脚掌，用两脚的脚趾及前脚掌扒住地面。将脚后跟慢慢抬离并尽量远离地面（如图3）。注意，保持这个姿势做5~10次呼吸，呼吸尽量绵长（可使用腹式呼吸或喉呼吸）。然后慢慢将脚后跟落回，还原基础站立式。

2. 摩天式功效：

- 增强身体的平衡感及稳定性，并使小腿后侧及臀后侧的肌群收紧。
- 加强注意力的集中，并使脊骨健康向上。
- 加强式的练习中，使用腹式呼吸，增强肠胃蠕动能力，及强健后腰肌群。

3. 加强式：

- 加强式 1：保持摩天式完成动作，眼睛看向手指延长线（如图 3 ）。

- 加强式 2：保持摩天式至步骤 2，以尾骨为基点使身体前屈，保持手臂和背部在同一直线，平行地面，眼睛看向手指方向。保持做 5~10 次呼吸还原（如图 4 ）。

注意，完成动作时尽量不要塌腰和弓背。

（二）拜日一式

1. 拜日一式步骤：

- 站立式，两脚与肩同宽，双手合十于胸前，眼睛看向前方（如图1）。

- 吸气，以指尖带动手臂尽量向上伸展。大臂尽量贴近双耳，并使耳朵尽量远离肩膀（如图2）。

- 呼气，保持两膝盖和手臂伸展，将髋部向前推，向后弯腰，胸椎上提，逐步让身体向后弯曲。眼睛看向手指方向（如图3）。

- 保持这个姿势，做5~10次呼吸。

- 吸气，将身体还原站立式。

- 呼气，身体向前、向下放松，然后还原站立式（如图1）。

注意，身体后弯的过程中，不要把所有的力卡在腰椎，过程中可以尽量挺胸，让胸腔去分担腰椎的压力，感受整个脊椎向后的弯曲。

2. 拜日一式功效：

- 这个姿势增强了脊柱的弯度和弹性，并强健了胸肺部。向后弯曲的动作，也同时使大脑警醒和清晰了。在热身后，是个非常适合在早上完成的练习。

二、直角式——腰的转动——脊柱的转动

（一）直角式

- 站立式，双手合十于胸前，眼睛看向前方（如图1）。
- 吸气，双手合十高举过头顶，眼睛看向前方（如图2）。
- 呼气，以尾骨为基点使身体前屈成90度，保持手臂和背部在同一直线，平行地面，眼睛看向手指方向。
- 保持这个姿势，做5~10次呼吸。在呼吸的过程中，尽量感受脊椎的拉长。注意，保持尾骨不要后坐，尽量使手指带动臂膀及身体向前伸展（如图3）。
- 还原站立式（如图2）。

（二）延展体式——腰的转动

- 完成直角式至步骤 3，将双脚打开（如图 1）。
- 吸气，保持下半身不动，将上身躯干尽量转向自己的右方（如图 2）。
- 呼气，将身体尽量转向左方，眼睛始终看向手指方向（如图 3）。
- 也可以转向一方时保持不动，做 5~10 次呼吸，然后将身体还原成站立式（如图 4）。

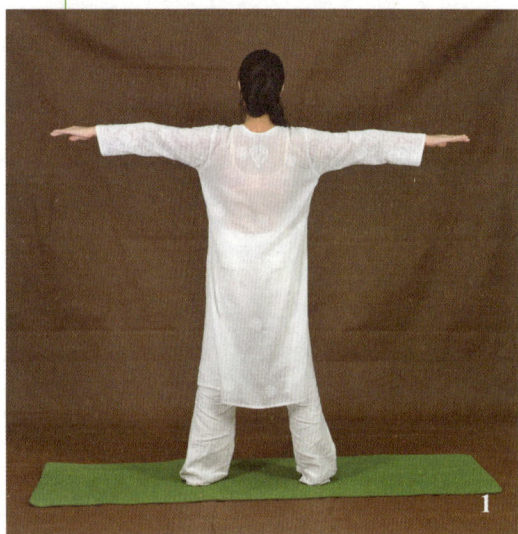

（三）延展体式——脊柱的转动

- 站立式，两脚大于肩宽，平举双臂（如图1）。
- 将身体拧转向左后方，右手搭在左肩上，并将左臂尽量放在上身后侧。眼睛尽量向左后侧方向看，保持颈部放松（如图2）。
- 保持这个姿势，做5~10次呼吸，然后交换另一侧。

（四）直角式——腰的转动——脊柱的转动的功效

首先使脊柱得到伸展，并加强背部、腰腹部的肌群力量，同时又放松脊柱、腰部、髋部，使之灵活。在本书后面瑜伽防御部分，会有实用的介绍。

三、双角式一式、二式

（一）一式

- 站立式，将双脚打开 2~3 个肩宽，眼睛看向前方（如图 1）。
- 吸气，抬头看天，双手打开，以尾骨为基点，身体向前、向下倾（如图 2）。
- 呼气，两手放于两脚之间地面之上（两手距离同肩宽），尽量使头顶向地面延展。注意，不要弓背。尽可能使两脚、头顶和双手在同一直线（如图 3）。
- 保持这个姿势，做 5~10 次呼吸，然后还原站立式。

（二）二式

- 保持一式至步骤 3（如图 1）。
- 双手在背后合十，并使指尖反转向头顶方向（如图 2）。
- 保持平稳，做 5~10 次呼吸后还原站立式。

注意：这个姿势在女性月经期间尽量避免练习。

（三）双角式一式、二式的功效

完全伸展腿后侧及小腿外侧的肌群，挤压腹部助于肠胃消化，并使血液回流头部，滋养大脑。

脑血栓及血压过高者遵医嘱，或在老师的指导下适量练习。

四、战斗式一式、二式、三式

（一）一式

- 站立式，两脚打开 2~3 个肩宽，眼睛看向前方（如图 1）。
- 呼气，双手落地，身体转向左侧，左脚向左打开 90 度。右脚略内扣。弓左膝，使左小腿尽量垂直地面，左侧大腿尽量平行于地面。注意，膝盖不要超过自己的脚尖（如图 2）。
- 吸气，抬高身体至垂直于地面，两手合十后高举过头顶（如图 3）。
- 保持右膝盖不要弯曲，保持这个姿势，做 5~10 次呼吸。还原步骤 1，换另一侧同样练习。
- 加强式：完成步骤 3 时，使眼睛看向手指延长线。

（二）二式

- 站立式，两脚打开 2~3 个肩宽，眼睛看向前方（如图 1）。
- 吸气，平举双臂，眼睛看向左手方向，并使左脚转向正左侧，右脚内扣（如图 2）。
- 呼气，屈左膝，使左小腿尽量垂直地面，左侧大腿尽量平行于地面。注意膝盖不要超过自己的脚尖（如图 3）。
- 保持右侧膝盖绷直。头顶上顶，并由双手带动臂膀尽量向两个方向延展。保持这个姿势，做 5~10 次呼吸。
- 还原步骤 2，交换另一侧同样练习（如图 2）。

（三）三式

- 完成战斗一式（如图1）。
- 吸气，身体前倾，后脚抬离地面，并逐渐将前腿伸直。
- 呼气，手指引领身体尽量向前伸展，右脚带领腿部向后伸展，感觉身体向两个对立的方向伸展。尽量使手、肩、背、腿在同一水平面上，并与地面保持平行（如图2）。
- 保持做5~10次呼吸，由战斗式一式还原站立式，然后交换另一侧。

（四）战斗式的功效

　　瑜伽中，这个姿势可以增强精神的坚韧，并促进身体的和谐和增加力量。三式的变化又增强身体的稳固，保持周身和大脑的警醒。

五、树式

（一）树式的步骤

- 站立式，眼睛看向前方（如图1）。
- 吸气，重心移至左脚，屈右膝，使右脚掌踩在左侧大腿内侧。尽量使脚跟贴近大腿根，脚趾向下，并尽量将左膝向外打开。注意脚趾尽量放松，不要扣住地面，感觉脚像树根一样牢固地长在地面上（如图2）。
- 保持平衡，并将双手合十高举过头顶，眼睛目视前方（如图3）。

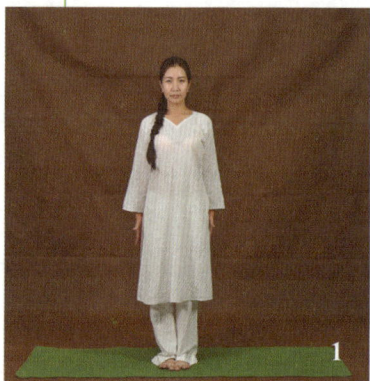

- 保持做5~10次呼吸，还原站立式，交换另一侧同样练习（如图4）。

（二）树式的功效

　　增强身体的平衡感及稳固度，并使身体左右侧更加协调，增强注意力。

六、三角式、三角式扭转

（一）三角式

- 站立式，双脚打开2~3个肩宽，眼睛看向前方（如图1）。
- 吸气，双臂平举于地面，并将左脚转向左侧，右脚略微内扣。注意保持身体和腿部在同一直线（如图2）。
- 呼气，双膝绷直，不要弯曲，身体和腿部保持平行往左侧弯曲，左手由小腿下滑，尽量接近左脚踝。如果可能，尽量使左手放在左脚踝外侧地面（如图3）。

- 右侧手臂向头顶方向伸展，眼睛看向天空方向，注意不要弓起右侧肋骨，也不要将左髋部往侧后方调。让左臂和右臂尽量在同一直线上并放松两肩（如图4）。
- 保持这个姿势，做5~10次呼吸，并保持平稳，还原步骤。
- 交换另一侧同样练习。

（二）三角式扭转

- 完成三角式的练习（如图1）。
- 呼气，将右手向下，放在图一左手的位置，扭转身体，使左臂向上延展，眼睛看向左手延长线。依然尽量使两臂在同一直线，右腹部贴向左侧大腿根处，不要弓背和塌腰（如图2）。
- 保持这个姿势，做5~10次呼吸，并保持平稳。吸气，还原站立式，交换另一侧同样练习。

（三）三角式、三角扭转式功效

这个姿势增强腿部、脚踝及背部的强健。使脊柱得到很好的滋养并使侧腰得以伸展。扭转的练习还会按摩腹部。

七、单腿站立伸展式

（一）单腿站立伸展式步骤

- 站立式，眼睛看向前方（如图1）。
- 重心移至左脚，弯曲右膝，吸气，用右手拇指、食指和中指抓住右脚大脚趾。左手扶住左腰，眼睛看向前方。注意髋部不要向左侧顶出，上半身不要向前探。站立一侧的手扶腰（如图2）。
- 呼气，逐渐向前蹬直右膝，保持两膝盖伸直，保持做5~10个呼吸（如图3）。

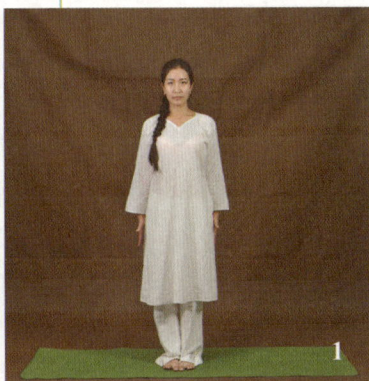

- 双手抱脚踝，注意将两肘打开，向上伸展右腿，并尽量贴近腹部、前胸，让额头或鼻尖接近右侧小腿上侧。眼睛看向地面（如图4）。
- 保持这个姿势，做5~10次呼吸，并保持平稳，还原站立式，交换另一侧同样练习。

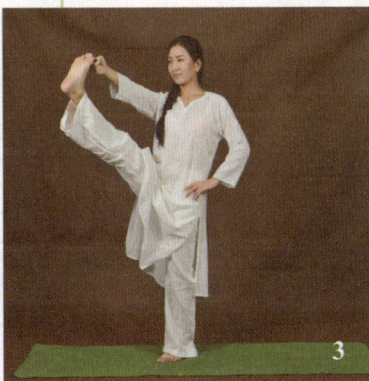

（二）单腿站立伸展式功效

　　这个姿势增强身体的平衡和稳定，并伸展腿后侧的韧带，强健脚踝。

八、侧角式、侧角扭转式

（一）侧角式

- 站立式，双臂平举于地面，双脚打开 2~3 个肩宽，眼睛看向前方（如图 1）。
- 吸气，将左脚转向左侧，左膝弯曲 90 度。右膝绷直，右脚略微内扣，眼睛看向左手方向。注意保持身体和腿部在同一直线（如图 2）。
- 呼气，左手贴向左脚外侧地面，左侧腋下贴近左膝；左侧的侧腰及肋骨外侧贴向左大腿上侧。右臂沿右耳向头顶方向伸展。掌心向下，眼睛通过大臂下侧看向天空方向（如图 3、4、5）。
- 保持这个姿势，做 5~10 次呼吸，并保持平稳，还原步骤 1，交换另一侧同样练习。

（二）侧角式扭转

- 完成侧角式（如图1）。

- 吸气，将右侧臂膀外侧通过左膝放在左手位置。身体扭转，使右侧肋骨外侧贴向左大腿上侧（如图2）。

- 呼气，伸展左臂向上，以手指带领臂膀向头顶方向伸展。眼睛通过左大臂下看向天空方向（如图3、4）。

- 保持这个姿势，做5~10次呼吸，并保持平稳，还原侧角式步骤1，交换另一侧同样练习。

（三）侧角式、侧角扭转式功效

这个姿势相较于三角式，伸展及扭转的感觉会更强烈。所以会更好地打开身体各个关节，并滋养内脏和脊柱。

九、舞王式

（一）舞王式步骤

- 舞王预备式，眼睛目视前方（如图1）。
- 重心移至左脚，保持左膝伸展，吸气，屈右膝，用右手抓住右脚脚踝，或者用大拇指、食指和中指夹住右大脚趾。左侧手臂贴住左耳向前伸展（如图2、3）。
- 呼气，身体前倾。右手抓脚踝或脚趾，向后、向上延展；同时左臂膀向前、向上舒展。也可以做加强版的动作练习（如图4）。
- 左膝盖保持挺直，左脚抓住地面，眼睛目视前方（图5）。
- 保持这个姿势，做5~10次呼吸，并保持平稳，还原步骤1，交换另一侧同样练习。

1

2

（二）舞王式功效

增强身体的平衡及体态的优雅，强健腿部，并充分扩张胸腔和肩膀，加强式的练习同时增强胸椎向后的放松和伸展。

3

4

5

十、鸟王式

（一）鸟王式步骤

- 鸟王预备式，眼睛看向前方（如图1）。
- 呼气，双膝半蹲，将右腿抬起，绕过左膝，叠放在左大腿上。将右脚放在左小腿后，使脚趾尽量勾住左脚踝内侧（如图2、3）。
- 上身挺直，眼睛看向前方，双手扶腰，保持平衡。

- 吸气，前举双臂，屈双肘，将右肘放于左手肘上，交叉小臂缠绕，使双掌合十于额头前（如图4、5、6）。
- 保持这个姿势，做5~10次呼吸，并保持平稳，还原站立式，交换另一侧同样练习。

（二）变化式步骤

- 完成鸟王式，使上半身前屈，胸腹尽量贴近大腿上侧。抬头，眼睛看向前方。
- 平衡能力比较差的，可以不缠绕手臂和腿部，但保留交叠的双肘。

（三）鸟王式功效

增强身体的平衡感并强健脚踝；增强身体各个关节的灵活度。

十一、半月式

（一）半月式步骤

- 站立式，并完成战斗式二式（如图1）。
- 呼气，保持左膝盖弯曲，身体向左脚趾延长线方向延展，将左手放于左脚前侧的地面上，左手与左脚的距离与练习者的上半身距离等长。眼睛看向地面。右手扶腰（如图2）。
- 吸气，以左手、左脚支撑，逐渐将左膝盖伸直，并将右腿抬离地面。尽可能保持右腿平行于地面，放松右脚脚踝。眼睛看向地面（如图3）。

- 保持做几次呼吸，平稳后，打开右手臂膀及胸腔，使两手臂在一条直线上尽量垂直地面。眼睛转向右手延长线（如图4）。
- 尽量让身体处于同一水平面上，保持这个姿势，做5~10次呼吸，并保持平稳，还原步骤1，交换另一侧同样练习。

（二）半月式功效

　　这个姿势为加强版的平衡练习，尤其是最后眼睛看向上方的时候对平衡的控制要求更高。除了增强身体的稳固度外，对于髋关节的打开也有非常大的益处。

十二、幻椅式

（一）幻椅式步骤

- 站立式，眼睛看向前方，两臂高举过头顶（如图1）。
- 呼气，屈膝，并拢脚踝，臀部尽量下蹲，使大腿尽量平行于地面（如果你有膝关节的疾病，注意让膝盖不要超过脚尖处）（如图2）。
- 吸气，手臂由两侧高举过头顶合十，大臂尽量贴近耳朵，同时将肩膀远离耳朵（如图3）。
- 保持这个姿势，作5~10次呼吸，并保持平稳，还原步骤1。

注意：图3虽然是下蹲的姿势，但是不要使力量集中在膝盖上。运用足跟腱、大腿上侧肌肉和臀后侧肌肉使整体的力向上延伸。

（二）幻椅式功效

这个姿势强健下肢肌群，并充分扩张胸腔及肩胛外侧。同时对于臀部的收紧和提升也有很好的益处。

十三、竖笛式

（一）竖笛式步骤

- 站立式，眼睛看向前方。
- 重心移至左脚，微微将左髋部向左推出。起右脚，使右脚绕过左脚踝前，脚趾在左脚踝外侧地面点地。脚心向外，并使膝盖向另一侧打开指向地面方向。
- 抬起手臂至身体左侧，双手呈拿笛子的姿势（瑜伽中用两个'六'的手势来表示），眼睛通过左手看向地面延长线。
- 还原步骤1，交换另一侧练习。
- 这是个尽量放松的姿势，在身体不会僵直的情况下，尽量长久保持（如图1、2）。

（二）竖笛式的功效

这个姿势在瑜伽中有着非凡的意义，它放松我们的身体，并使心灵愉悦。在瑜伽中是代表奎师那（瑜伽起源）的体式。

第四节　瑜伽放松休息术

　　瑜伽放松休息术在整个瑜伽课程中是极为重要的，是一种极好的休息放松功法，任何人都可以练习这种休息术。休息术可以使人迅速摆脱因生活压力及工作紧张所产生的极度疲倦与困乏感，也可以使人摆脱由焦躁、多虑所引发的失眠，或睡眠质量低下等问题。除此之外，休息术更是在进行完瑜伽运动后所必须要经过的一种深层次的放松过程，并在此过程中完成自身的能量平复。

　　练习放松术的时候，有两种做法：一种是由老师或同伴做引领，而其他人做作聆听的练习。在此基础上，第二种是在自己的内心中默默地自我引导。

一、放松术前注意事项及在瑜伽放松术中会遇到的困难

　　如果您是初学瑜伽的朋友，也许在引导词所念到的部位，反而出现肌肉紧张的现象。这种状况是正常的，是因为您从没有这样细细地逐一放松身体各个部位。因为开始关注，所导致的肌群自然收紧。

这时您应该尽量放松自己的心态，慢慢地跟随引导词熟悉身体的各个部位，多练习几次，当您了解和熟悉这个过程，身体会逐渐地放松下来。

还有一种普遍情况，在放松术的时候睡着了。那么在瑜伽放松术的过程中，应该尽量保持身体的放松，但是不要睡着了。

通过这样的练习，更加加强了我们心意对身体的控制，对于身体的深度放松和头脑的警醒有非常大的益处。

当然，如果您在平时的工作、生活中，睡眠质量非常不好，那么在瑜伽放松术中睡着了，也不要刻意、恶性地干扰，应顺应身体的需求，慢慢地，尽量让自己做到身体的放松与头脑的清醒。

让自己像一个旁观者一样，观察并控制自己的身体，使自己真正放松。此点至关重要。

二、瑜伽休息放松术引导词

注意，在念诵引导词时，语音应缓慢、轻柔、稳定。

请将身体呈大字状仰卧地面上，依次用臀部、背部轻轻地撞击地面放松周身，然后依次将膝盖窝、手臂抬起，轻轻叩击地面。闭上眼睛，慢慢地从脚趾开始，到头顶，再回到脚趾，逐一放松身体的各个部位。

首先，放松十个脚趾头、脚心、
脚后跟、两脚的脚踝。

继而，放松小腿下侧肌肉、膝盖
窝及大腿下侧肌肉。

放松臀部、后腰及整个背部。

放松两肩胛骨、双肩、手臂。

放松两肘、小臂、掌心及十个手指头。

放松颈后侧、后脑勺及整个头盖骨。

放松两眉的眉心及整个面部,

放松太阳穴、眼睛、鼻子,缓慢地呼吸。

放松嘴巴、下巴,牙齿不要紧扣。

放松颈部、两锁骨。

放松胸腔、腹脏及两髋。

放松大腿上侧、整个膝盖、小腿上侧及脚背。

现在从脚趾到头顶再回到脚趾,周身非常放松,缓慢地呼吸……

注意，您身体中有一种轻盈、松展的感觉，请体会并保持此种感受，静止 10 分钟左右，结束放松。

三、瑜伽休息放松术的起身与还原

慢慢地唤醒自己，臂膀向上伸展，两脚向下蹬踩，像伸懒腰一样舒展自己。

然后右侧侧卧于地面上，以手臂支撑缓慢地坐立起来。

叩击腿部、膝盖，灵活自己的双肩及颈部。

保持半莲花坐姿，双手呈智慧手印或静心的手印。

最后，请一起唱诵三遍的"AUM"语音。

第五节 瑜伽的静坐与冥想

一、静坐篇

（一）两种常用的瑜伽手印

1. 智慧手印

　　五指自然放松、张开，掌心向上，拇指和食指相扣，其余三根手指放松。将手腕放松，手背放在膝盖上（如图1）。

2. 静心手印（禅定手印）

　　右手置于左手掌心上交叠，将两拇指相扣。放松手腕，将两手置于小腹前（如图2）。

（二）常用的瑜伽基本坐姿

1. 简易坐

- 坐在垫子上，腿部伸直。
- 弯曲双膝将两腿收回。使左小腿放在右大腿下方；右小腿放在左大腿下方，两小腿交叉于身前。
- 双手放在双膝之上，保持背部挺直向上，放松肩颈及髋部（如图1）。

2. 半莲花坐

- 坐在垫子上，腿部伸直。
- 将左脚收回，尽量抵住会阴，左膝向外、向下，放松。
- 将右脚收回，脚背尽量贴向左侧腹股沟处（大腿根侧上方），并使右膝向外向下。
- 头背挺直，并放松肩胯及下颚（如图2）。

3. 全莲花坐

- 完成半莲花腿部姿势。
- 将下侧的脚踝由上侧小腿外侧拉至另一侧腹股沟处（接近大腿根的侧上方）。
- 头背挺直，并放松双肩，注意不要弓背（如图3）。

4. 金刚坐

- 跪立在垫子上。双膝并拢，两个大脚趾交扣，并打开脚踝（如图 4）。
- 臀部坐于两脚踝之间。使两脚像盆一样托住臀部（如图 5）。
- 两手放于大腿上侧。保持背部直挺（如图 6）。

（三）静坐要领

- 无论以哪种坐姿开始，保持身体正直，不要弓背，但是更不要收腰（常见于女性，使腰椎向前抵）。尽量保持脊柱的自然排列，向上伸展脊柱。
- 将下颚略微回收，并让舌尖抵住上颚。
- 放松双肩及手臂，手肘自然放于身体两侧，不要夹紧或向前打开。
- 放松嘴巴及下巴，让整个面部放松，两眼俯视鼻尖，将目光微收。

（四）常用的静坐的呼吸方法

无论采用哪种呼吸方法，保持鼻子呼吸，并尽量不要憋气。初学者可以以自然呼吸开始，慢慢地带入腹式呼吸。

1. 腹式呼吸

- 无论仰卧或坐立的任何一种方式，用鼻子呼吸。
- 先呼气，并让腹部尽量贴近脊椎骨。
- 吸气，腹部鼓胀，呼气，腹部内压，连续地呼吸。如果做不到控制自己的腹部，可以自然地吸气，只是在每次呼气时尽量让腹部内收。

2. 完全式呼吸

- 先呼气，然后轻轻地、缓慢地吸气，让腹部由底部开始向外鼓胀。
- 腹部吸满后，继续吸气，使空气充满胸腔。
- 呼气，先将胸腔的气息呼出，然后继续再将腹部的气息呼出。
- 这是一个完全式呼吸方式，然后继续这种练习。就像向瓶子里灌水一样，由瓶子的底部开始，慢慢地装满；同样的，倒掉时由瓶子的顶部开始慢慢地倒空整个瓶子。

3. 喉呼吸

- 完成腹式呼吸。
- 在每次呼气时，挤压咽喉，使气息通过喉咙产生类似"施"或"斯"的声音。
- 每次的呼气时间大于吸气时间，并尽量延长呼气。
  常用于阿斯汤伽瑜伽。

（五）静坐的常见问题

1. 静坐时弓背或腰背痛

常见于初学者，因为姿势紧张或过于放松所导致的弓背或背部疼痛。

解决方式：无论采用哪种姿势坐立，将臀部垫高，有意识地让背部向后、向上伸展。注意放松双肩。

2. 静坐时感觉身体晃动

常见于有一定练习时间的学习者，在静坐时双肩及肌肉不自觉收紧，或紧闭双目，感觉身体产生剧烈的晃动。

解决方式：不要紧闭双目，放松整个面部肌肉，双眼俯视鼻尖，保持脊柱向上伸展，并尽量放松周身所有肌肉。

3. 静坐后腿麻

过长时间静坐所引起的腿部酸麻。

解决方式：在自己舒服的范围内练习。初学者减轻坐姿的难度，并在酸麻后，揉搓脚踝及小腿上侧使肌肉放松，再抖动膝盖，伸直腿部。

（六）静坐的功效

从生理上，所有的瑜伽坐姿都使下肢回收，使血液延脊柱向上回流，滋养心脏并使脊椎伸展。同时，灵活了身体的各个关节，配合瑜伽呼吸，按摩身体腹脏，并为入定做准备。

从心理上，有安神、静虑的功效，使大脑保持警醒，并更加机敏。

（一）什么是冥想

Tatra pratyaya ekatanata dhyanam（注意力稳定而持续地流向同一个点或同一个地方，就是冥想）。*

1. 注意力稳定而持续

简单的注意集中，可以解释为专注。连续不断地关注才为持续。这是对瑜伽师心灵控制的训练。当呼吸的运用，周身静坐后的泰安后，控制注意力不发散，并连续不断。

2. 同一个点或同一个地方

根据所学习的瑜伽派系的不同，所"稳定而持续"的关注对象，可以是一句语音、一个神像或一个字符。

（二）一点凝视法

- 在一间安静并略暗的房间里，席坐在瑜伽垫上。
- 眼睛平行处，放置一根燃烧的蜡烛，距离自己大约 1~2 个手臂长。
- 任何一种静坐方式，保持背部正直，并尽量放松。
- 闭上眼睛，当身心感觉宁静，张开双眼，注视面前蜡烛最明亮的部分（尽量减少眨眼）。
- 全神贯注地凝视尽量长久的时间（可能是几分钟或更久），至双眼疲倦并开始产生泪水，然后闭上眼睛放松。
- 闭眼后，想象继续凝视刚才所看到的明亮烛火的余像。
- 当余像消失（刚开始可能时间很短，慢慢会随着观想的练习，余像时间会有所延长），张开眼睛继续步骤 5。
- 反复这个练习，15 分钟左右后，慢慢仰卧在垫子上完成瑜伽放松术。

---

* 引用《瑜伽经》3.2 节

整个一点凝视法的练习时间大约在 30 分钟，包括准备的时间及最后的休息时间。对治疗失眠有非常大的益处，并帮助瑜伽士进入入定、静虑状态。

（三）语音冥想的方式、方法

1. AUM (OM)

- 任何一种瑜伽静坐方式，腹式呼吸或完全式呼吸。
- 每次呼气时，用尽量深沉、稳定的声音发出"奥姆——"的语音。让整个头颅都感到声音的共振。

- 初学者连续 3 次，高级者可以无限重复这个练习。
- 完成后，舌抵上腭，让口腔分泌大量唾液，吞咽，并滋养喉部。

> 在瑜伽中，"AUM"是宇宙中第一个声音，是一切声音的原始动因，也是非人格入定的最好的冥想方式。所有的瑜伽派系都可以练习"AUM"语音。

2. 哈瑞·奎师那

- 任何一种瑜伽坐姿，当专注时，也可以在站立或行走中完成。
- 自然呼吸，也可以使用念珠。念诵"哈瑞·奎师那、哈瑞·奎师那、奎师那、奎师那，哈瑞、哈瑞，哈瑞·茹阿玛、哈瑞·茹阿玛，茹阿玛、茹阿玛，哈瑞、哈瑞"。

> 这段念诵常见于"巴克悌"瑜伽，意为奉爱瑜伽，开始时请在有传承的老师的指导下完成。

第三章
清瑜伽防御术
心法讲解

清瑜伽防御术基本方位概念
及基本姿势

清瑜伽防御术练习之心法

第一节 清瑜伽防御术基本方位概念及基本姿势

　　清瑜伽防御术是对传统瑜伽体位法功用的一种拓展，是在传统瑜伽体位法之健身、修心、舒缓压力等基本功用上更加发展出了防身、御敌之效。故而，在学习清瑜伽防御术之前，首先需要了解和学习其在防御术领域中所特具的基本方位概念及姿势，此可谓练习瑜伽防御术之基、之始，亦为后期实践其法，运用其功之根本。

　　一代宗师，著名武术家、太极拳专家杨禹廷先生在1961年出版了《太极拳动作解说（讲义）》一书，其在著作中科学系统地详述了太极拳的动作要领与规范，首次提出并运用了重心虚实八方线（圆周度数）的概念来配合太极拳各式动作的手眼身法步及神形意气念，给予了练习者明确的、科学的圆周度数，并以此来规范动作，让所有练习者都有一个标准可依，有一个标准能依，使得众多爱好者、初学者在习拳之初便能够找到一个既简单又有效的学习方法。同时，使得专业者、教授者得到一个研究与教学的统一规范，避免了在教、练过程中所出现的"百人百拳，百拳百样"的问题。

　　杨禹廷八十三式太极拳中所提出的八方线的概念和太极拳基本的手法、步法，可以成为一切实用防御术的基础与根本，能够让修习者在平常练习与后期实用的过程中得到清晰明确的指导与依据，方便修习者修习与使用。更因笔者之家学渊源，故而将杨禹廷八十三式太极拳中的八方线概念与基本手法、步法配合、融入于清瑜伽十三式中，以至于达到最佳教、修、学、练之效。

　　在此需要特别说明的是，虽然清瑜伽防御术在基础概念与手、步法的运用上确有借鉴于杨禹廷太极拳法之处，但其绝非是瑜伽与太极这两种智慧、两种文化刻意相融之产物，绝非是太极化的瑜伽体式，或瑜伽体式的太极化，而是传统瑜伽体位法的防御性拓展与发挥。此两者，也许会在外在的表现形式与状态上有些许的相似之处，但究其核心理论、哲学体系、修习方法与所欲达到的目的而言，清瑜伽十三式则是完全的、纯粹的、传统的瑜伽！在真正的实践运用中，清瑜伽十三式亦需要有真正瑜伽功底者才能够自然流畅地发挥其功，通过身体的柔软、协调，腰部的扩展、拉伸，关节的灵动、力量及心态的清静、平和，方能展示其法、显示其效。望读者深思、确知！

一、八方线和圆周度数

清瑜伽十三式，顾名思义，自然有十三个体式构成，而与之暗中相应的则为"十三势"，即十三种态势，亦是所谓的八门（八方，四正，四隅），五步（前、后、左、右、中）。老的拳谱中也有用八卦，即乾、坎、艮、震、巽、离、坤、兑来代表八方的。

不论是瑜伽还是太极拳，其被创造之基本目的不外是健体与致用。十三势的制定，可以说是一种十分科学的、可用于教学或修学的基本项目。

八门五步的十三势，首先假定人处在中央位置，而后以此为基点，去考虑如何才能更好地利用空间，以应付四周的一切，故而可称其为布局周密，照顾全面的最好方法。同时，又因为它是在松柔的原则下，用圆形的运动作为运动基础的，所以它本身就是一种良好的练体调气的功夫，更能够与舒缓、流畅、开展的瑜伽体位法相结合，充分体现并发掘出瑜伽本具的防御功效，进而显现出瑜伽与太极这两大智慧的契合性。

（一）八方线的概念（如图3-1）

八方线，如图所示，是假定人在中央面南站立而画的。东、南、西、北（实线）为四正方向；东北、东南、西南、西北（虚线）为四隅方向。

图 3-1　八方图

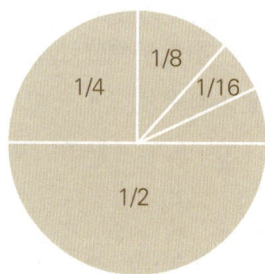

图 3-2　圆周及角度图

（二）八方线的圆周定数（如图3-2）

借鉴杨禹廷八十三式太极拳讲义，本书亦用几分之几的字样来代替圆周度数。分数和度数的对照如下：

一周＝ 360 度

1/2 ＝ 180 度

1/4 ＝ 90 度

1/8 ＝ 45 度

1/16 ＝ 22.5 度

二、基本姿势——步法和手法

（一）步法篇

1. 由两脚的距离、角度所分的步法

（1）正步：左右两脚脚尖向着同一个方向，一前一后，前脚脚跟和后脚脚尖的前后距离为一脚长，左右距离为一脚宽，叫作正步。

（2）隔步：左右两脚脚尖向着同一个方向，一前一后，前脚脚跟和后脚脚尖的前后距离为半脚长，左右距离为一脚半宽，叫隔步。

（3）按八方线测定正、隔步的度数时，前脚脚尖或脚跟，和后脚脚尖或脚跟，站在其面向四正方向（东、南、西、北）约 30 度的同一斜线上者，叫作正步；若前脚、后脚的两脚尖或两脚跟站在同一隅线上约 45 度的，叫隅步。

2. 由姿势所分的步法

（1）自然步：两脚并列，脚尖相齐，两脚中间距离约为一个立脚，两脚外缘之间距离约等于本人的胯宽。

（2）平行步：两脚并列，脚尖相齐，两脚外缘之间距离约为本人肩宽。

（3）弓步：重心在前脚，弓膝（膝盖与脚尖上下对正，膝左右侧亦与足大指、足小指对正，勿向前闪或左右歪斜）；后腿弯舒直，后脚跟要蹬直，后脚掌全部虚着地（正、隅步皆如此）。

（4）坐步：后腿弯曲，身体后坐，尾闾对正后脚跟，重心在后脚；前腿舒直，前脚脚跟虚着地，脚尖上翘。

（5）骑马步（又称马裆步）：两脚并列分开，两脚尖微向外斜（小丁八步），中间距离约为两脚长，两腿弯曲，身在两脚之正中蹲坐，重心平均在两脚。

（6）虚丁步：右脚横置，右腿直立；左脚尖虚着地，左脚跟靠于右脚里侧，左腿膝部微屈，形如丁字形。

（7）拗步：弓左膝，左掌前按，或弓右膝，左掌前按，皆为拗步。

（8）顺步：弓左膝，左掌前按，或弓右膝，右掌前按，比为顺步。

（9）一字步：两脚一前一后（弓步或坐步），前脚里侧与后脚里侧在一条直线上。

（10）倒八字步：两脚左右分开，一虚一实，两脚脚尖斜相对，两脚脚跟微向外开，如倒八字形。

（11）仆步：两脚脚尖均向前方，平行分开，两脚中间距离约为两脚长（与骑马步同），右腿弓膝，身向右腿下坐，腰须竖直；左腿舒直，左脚脚掌全部虚着地，重心在右脚。

（二）手法篇

借鉴于杨禹廷八十三式太极拳讲义中所提到的手法有掌、拳、钩之分：

掌分两种，一为立掌，立掌要求五指分开、指尖向上；大指稍节与食指第二节横纹呈水平线，这样要求是便于垂肘。立掌经常有掌心向内、向外、向左右等等，但均为立掌。另一种掌为平掌，只是掌心向上或向下。

拳又叫捶，要求五指回拢、大指侧压在食指和中指的中节；拳面要平。此处要求拳心虚，五指松拢，不要用力。即要求为：中虚空而无拙力。

　　钩有虚钩、实钩之分。虚钩，要求五指尖松拢，腕部弯曲自然下垂，钩尖向下；实钩，要求五指聚拢，腕部弯曲，钩尖向上。聚拢五指的原因是便于上臂骨（即肱骨）向内旋转、向后伸延。

第二节　清瑜伽防御术练习之心法

此心法与传统的瑜伽体位练习法，在运动原理、意念引导及内在劲力的运用上，均有较大的区别，可以算得上是套全新的体位训练法。写出这些心法的目的在于，给予那些初习瑜伽者，或是在瑜伽体式方面还未达标者一套内容新式的、相对于简单的、有效的瑜伽体式训练法，通过此法而得以快速地掌握、运用清瑜伽十三式之防御术。对于已练习了多年瑜伽，对瑜伽体位法相当精通，具有了相当精纯的瑜伽功夫的练习者，此篇则完全可以跳过不看，在之后的实践运用中，完全可以依靠在传统瑜伽体位法训练过程所积累到的功夫，配以体位法的加强式、变化式的运用，而达到克敌制胜的功用。

一、清瑜伽防御术十三式顺序

（一）摩天式　　　（二）直角式　　　（三）双角式

（四）战斗式　　　（五）树　式　　　（六）三角式及扭转

（七）单腿站立伸展式　　（八）侧角式

（九）舞王式　　　（十）鸟王式　　　（十一）半月式

（十二）幻椅式　　（十三）竖笛式

二、清瑜伽各式单操心法分解

本源状态之：

预备式：面对正前方（正南）并脚站立，身心虚静，周身松力，头顶正直，舌尖抵上颚；两眼平视远方；两臂下垂，掌心向内，指尖下指；意在两掌的指尖；重心平均在两脚。

要领：头顶悬立，腰腹松净，两肩舒开，尾闾中正，两胯舒安，两膝舒直，两掌虎口撑圆，十指舒展，两脚掌虚踩。

（一）摩天式（四动）

自预备式起，

- 第一动：左脚横移。左膝松力，微屈。全身重心集于右脚。左胯微舒，左脚向左横移，大趾虚着地，两脚宽度与两肩相同。眼向前平远看，意仍在两掌指尖（如图1）。
- 第二动：两脚平立。左脚渐渐落平，重心平均在两脚，视线与意均不变（如图2）。

3

4

- 第三动：胸前合掌。两肩两肘保持不变，意于左手食指指尖，由左手食指指尖引导，缓变立掌斜上行于胸前，右手同随，左右两掌食指指尖于胸前相合，其他各指继而相合，双掌合十于胸前。注意，松肩、空胸、圆肘、活腕，重心平均在两脚，保持身体中正，头顶微悬（如图3）。

- 第四动：双臂上伸。视线远放，随而视线向前上方缓升，下颌微抬，两掌呈合十状，以两手食指指尖为引，两大指外侧微贴自己的胸口向上伸展，经由下颌、鼻尖充分伸展过头舒直，双手与视线在身体上方完成相交。整个伸展过程应注意以左手食指指尖为引导，虽然动作是向上舒伸的，但意念中各关节要逐一放松、贯穿，劲力下渗。整个过程经过活腕，圆肘，松肩，空胸，实腹，尾闾中正，两胯松活，大腿放松，再至松膝，松小腿，至踝，最后完全放松两脚而踩实，完成动作（如图4）。

（二）直角式（两动）

- 第一动：双臂上伸与摩天式第三、第四动相同，而后并脚，接直角式第二动。或自预备式起，左右两手各以食指指尖为引导，两手食指指尖意先欲下，继而同时各向正西 1/4（90 度）与正东 1/4（90 度）方向做前上引导，伸展两臂，松腕，圆肘，展肩，而后两臂打开向上，合于顶上（如图 1）。

- 第二动：完成直角。意念中头顶与手分，力通颈脊过背，松腰并向前舒展，松沉尾闾，两手以食指引导，两肘微曲，两臂舒直向下，完全伸展至与腰平直。此过程中，意为做前、上行，而动作驱下，最终完成动作（如图 2）。

（三）双角式（四动）

自预备式起：

- 第一动：左脚横移。左膝松力，微屈。全身重心集于右脚，左胯微舒，左脚向左横移，大趾虚着地，宽度尽量放宽。眼向前平远看，意仍在两掌指尖（如图1）。
- 第二动：两脚平立。左脚渐渐落平，重心平均在两脚，视线与意均不变（如图2）。

- 第三动：俯身向下。意于头顶，双臂放松，头顶引领做前上弧，视线保持正南方向，略收下颌，身形自然下行，行至身体与两腿约呈90度止。两手手掌平撑于地，指尖向南（如图3）。
- 第四动：圆撑两肘，收视线，两膝伸直，头部深潜于裆。完成体式（如图4）。

（四）战斗式（六动）

自预备式起：

- 第一动：胸前合掌。两肩两肘保持不变，意于左手食指指尖，由左手食指指尖引导，缓变立掌斜上行于胸前，右手同随，左右两掌食指指尖于胸前相合，其他各指继而相合，双掌合十于胸前。注意松肩、空胸、圆肘、活腕，重心平均在两脚，保持身体中正，头顶微悬（如图1）。

- 第二动：双臂上伸。视线远放，随而视线向前上方缓升，下颌微抬，两掌呈合十状，以两掌食指指尖为引，两大拇指指外侧微贴自己的胸口向上伸展，经由下颌、鼻尖充分伸展过头舒直，双手与视线在身体上方完成相交。整个伸展过程应注意以左手食指指尖为引导，虽然动作是向上舒伸的，但意念中各关节要逐一放松、贯穿，劲力下渗。整个过程经过活腕，圆肘，松肩，空胸，实腹，尾闾中正，两胯松活，大腿放松，再至松膝，松小腿，至踝，最后完全放松两脚而踩实，完成动作（如图2）。

- 第三动：隅步撤脚。右膝松力，微屈，全身重心集于左脚。右胯微舒，向后撤一隅步，此时重心完全集于左脚。右脚隅步完成后，渐渐落平重心，使重心平均于两脚，变为左弓步。

- 第四动：抬头舒臂。抬头，两臂向上舒伸到位，完成体式（如图3）。

- 第五动：变第二式。两手食指指尖引导，两臂于头上相分，左臂向正南舒展下落，右臂向正北舒展下落，双肩展开，松腕圆肘，两臂行至与肩同平，呈"大"字状。视线注视正南保持不变，身体平转至正西，重心平均于两脚（如图4）。

- 第六动：变第三式。右臂松沉，由右手食指指尖引导于体前顺行，与左臂相合，同时松胯，重心渐渐移至左脚。继续向前舒直两臂，右腿屈膝上抬伸直，使两臂、身体与右腿完全平直，成"一"字状。完成体式（如图5）。

（五）树式（四动）

自预备式起：

● 第一动：胸前合掌。两肩两肘保持不变，意于左手食指指尖，由左手食指指尖引导，缓变立掌斜上行于胸前，右手同随，左右两掌食指指尖于胸前相合，其他各指继而相合，双掌合十于胸前。注意，松肩、空胸、圆肘、活腕，重心平均在两脚，保持身体中正，头顶微悬（如图1）。

● 第二动：双臂上伸。视线远放，随而视线向前上方缓升，下颌微抬，两掌呈合十状，以两掌食指指尖为引，两大指外侧微贴自己的胸口向上伸展，经由下颌、鼻尖充分伸展过头舒直，双手与视线在身体上方完成相交，整个伸展过程应注意以左手食指指尖为引导，虽然动作是向上舒伸的，但意念中各关节要逐一放松、贯穿，劲力下渗。整个过程经过活腕，圆肘，松肩，空胸，实腹，尾闾中正，两胯松活，大腿放松，再至松膝，松小腿，至踝，最后完全放松两脚而踩实，回视线，视线平远看（如图2）。

- 第三动：重心左移。右膝松力，微屈，重心渐渐集于左脚，保持身体中正安舒，意松左胯，劲力顺左胯至左膝至左踝最后达于左脚，重心完全移至左脚（如图3）。
- 第四动：足抵会阴。重心完全在于左脚，微屈右膝，右后脚跟回提，收小腿，右脚掌贴于左大腿内侧，右脚跟抵于会阴。完成体式（如图4）。

（六）三角式及扭转（六动）

自预备式起：

- 第一动：左脚横移。左膝松力，微屈。全身重心集于右脚。左胯微舒，左脚向左横移，大趾虚着地，两脚宽度略宽于两肩。眼向前平远看，意仍在两掌指尖（如图1）。

- 第二动：两脚平立。左脚渐渐落平，重心平均在两脚，视线与意均不变（如图2）。

- 第三动：两臂平展。左右两手各以食指指尖为引导，两手食指指尖意先欲下，继而同时各向正西 1/4（90 度）与正东 1/4（90 度）方向做前上引导，伸展两臂，松腕，圆肘，展肩，舒直两臂与两肩平，呈大字状（如图 3）。

- 第四动：左脚东扣。意始于左手食指指尖，两臂保持伸展不变，此动作为以脚引手，双肩微松，左胯外形不变，意于劲力经由左胯顺大腿至膝至小腿至踝到脚，左膝微屈，重心渐渐移至左脚。当重心完全移至于左脚时，微提右胯，松右膝，扬右脚脚尖，并以右脚踝为轴，将右脚脚尖转向正东 1/4（90 度）方向，缓缓落平，重心移于两脚（如图 4）。

- 第五动：扭身转臂。左手以食指指尖为引导，整臂向正东下行。同时，右臂随势向西上行，重心渐渐移至左脚，两臂成"竖一"状。两掌掌心冲向正南，左掌掌心放于左踝外侧，两肩打开。最后，以右脚尖为轴，回脚跟，至东南 1/8（45 度）角，重心集于左脚。

- 第六动：头转向上方，两肩完全打开，完成体式（如图 5）。

（七）单腿站立伸展式（四动）

自预备式起：

- 第一动：重心左移。右膝松力，微屈，重心渐渐集于左脚，保持身体中正安舒，意松左胯，劲力顺左胯至左膝至左踝最后达于左脚，重心完全移至左脚（如图1）。
- 第二动：手抓足指。重心完全在左脚，微屈右膝，右后脚跟回提，收小腿，右脚脚跟贴于左大腿内侧，右臂放松下行，以右手姆、食、中三指抓住右脚大脚趾（如图2）。

- 第三动：右腿前蹬。重心完全在于左脚，意中劲力自左胯松下至左膝、左踝，到达左脚，同时右胯、右膝保持不动。右手抓住右脚拇指向正南方向前上蹬出，右大腿完全舒直，脚趾高度平于胸口（如图3）。
- 第四动：腿抬过头。保持在之前姿势的基础上，左右两手相合，握住右脚脚跟，继而右腿缓抬过头，用鼻头贴向膝盖，完成体式（如图4）。

（八）侧角式（六动）

自预备式起：

- 第一动：左脚横移。左膝松力，微屈。全身重心集于右脚。左胯微舒，左脚向左横移，大趾虚着地，两脚宽度略宽于两肩。眼向前平远看，意仍在两掌指尖（如图1）。

- 第二动：两脚平立。左脚渐渐落平，重心平均在两脚，视线与意均不变（如图2）。

- 第三动：两臂平展。左右两手各以食指指尖为引导，两手食指指尖意先欲下，继而同时各向正西1/4（90度）与正东1/4（90度）方向做前上引导，伸展两臂，松腕，圆肘，展肩，舒直两臂与两肩平，呈大字状（如图3）。

- 第四动：左脚东扣。意始于左手食指指尖，两臂保持伸展不变，此动作为以脚引手，双肩微松，左胯外形不变，意于劲力经由左胯顺大腿至膝至小腿至踝到脚，左膝微屈，重心渐渐移至左脚。当重心完全移至于左脚时，微提右胯，松右膝，扬右脚脚尖，并以右脚踝为轴，将右脚脚尖转向正东1/4（90度）方向，缓缓落平，重心移于两脚（如图4）。

- 第五动：扭身转臂。左手以食指指尖为引导，整臂向正东下行，同时，右臂随势向西上行，重心渐渐移至左脚，两臂成"竖一"状，两掌掌心冲向正南，左掌掌心放于左踝外侧，两肩打开。此式右脚脚尖位置回正，冲向正南，重心集于左脚（如图5）。

- 第六动：右臂伸展。右手食指尖引导，右掌向正东前下缓行，过程中继续以右手食指为引导旋平手掌，右掌掌心向下，整条右臂充分舒伸展直。右臂、身体与右腿形成"斜一"状，完成体位（如图6）。

（九）舞王式（两动）

自预备式起：

- 第一动：重心左移。右膝松力，微屈，重心渐渐移于左脚，眼向前平远看，意仍在两掌指尖（如图1）。

- 第二动：提右脚跟。由右脚跟引导回收右小腿，同时右手掌接于右踝外侧，继而左臂以左手食指指尖引导向正南舒伸，展直手臂，依次松左腕、圆左肘、空左肩，完成舞王式。此时状态为，左手掌心向下，右脚脚心向南，左膝蹬直，左手微有前下按劲，右脚微有后上提劲，以成整体之浑圆合力（如图2）。

（十）鸟王式（三动）

自预备式起：

- 第一动：左脚横移。左膝松力，微屈。全身重心集于右脚。左胯微舒，左脚向左横移，大趾虚着地，两脚宽度与两肩相同。眼向前平远看，意仍在两掌指尖（如图1）。

- 第二动：重心完全集于左脚，全身保持中正安舒，两胯微松，两膝略弯，意于左胯，继而松沉左胯，劲力顺左胯而下至膝至踝至脚，同时提右膝，小腿回收，缠贴于左小腿肚，右脚指钩于左踝。重心依然集于左脚（如图2）。

- 第三动：两臂伸缠。以左手食指指尖引导，立掌向斜上行，至胸口处，缓行过口，继续上行，至于脸前，左手大拇指对鼻尖而止，掌心向西，立右掌随行，掌心向东，右肘自左小臂里侧上升，过于左肘，继续以右手食指指尖引导，以右小臂贴缠左小臂外侧，完成两臂相贴，两腕相缠，两掌相合之式。最终完成体式（如图3）。

（十一）半月式（六动）

自预备式起：

- 第一动：左脚横移。左膝松力，微屈。全身重心集于右脚。左胯微舒，左脚向左横移，大趾虚着地，两脚宽度略宽于两肩。眼向前平远看，意仍在两掌指尖（如图1）。

- 第二动：两脚平立。左脚渐渐落平，重心平均在两脚，视线与意均不变。

- 第三动：两臂平展。左右两手各以食指指尖为引导，两手食指尖意先欲下，继而同时各向正西1/4（90度）与正东1/4（90度）方向做前上引导，伸展两臂，松腕，圆肘，展肩，舒直两臂与两肩平，呈大字状（如图2）。

- 第四动：左脚东扣。意始于左手食指指尖，两臂保持伸展不变，此动作为以脚引手，双肩微松，左胯外形不变，意于劲力经由左胯顺大腿至膝至小腿至踝到脚，左膝微屈，重心渐渐移至左脚，当重心完全移至于左脚时，微提右胯，松右膝，扬右脚脚尖，并以右脚踝为轴，将右脚脚尖转向正东1/4（90度）方向，缓缓落平，重心移于两脚（如图3）。

- 第五动：扭身转臂。左手以食指指尖为引导，整臂向正东下行，同时，右臂随势向西上行，重心渐渐移至左脚，两臂成"竖一"状，两掌掌心冲向正南，左掌掌心放于左踝外侧，两肩打开。最后，以右脚尖为轴，回脚跟，向正南1/4（90度）方向回直，重心集于左脚。

- 第六动：右腿抬直。此时重心完全集于左脚，松右胯，抬腿缓上，完成体式（如图4）。

（十二）幻椅式（两动）

自预备式起：

- 第一动：双臂上伸。左右两手各以食指指尖为引导，两手食指指尖意先欲下，继而同时各向正西 1/4（90 度）与正东 1/4（90 度）方向做前上引导，伸展两臂，松腕，圆肘，展肩，而后两臂打开，向上，合于顶上（如图 1）。

- 第二动：尾闾后坐。意于两手食指指尖，由食指指尖引导向上方舒展，在舒展过程中继而依次松两腕，圆两肘，空松两肩，再之空胸，实腹，松活两胯，意中感觉两胯稍一松灵，便将尾闾向下后方坐坠，随之松膝、身体微蹲、松踝，力量完全达于两脚，重心在双脚。注意，整个过程中及完成体位式后，双膝膝尖绝对不能超过双脚脚尖。在完成此体式的过程中，虽然手臂动作为伸展向上，但要感觉到，向上的劲力在贯穿后，顺势通过手、腕、肘、肩，再经由脊柱，自后背完全顺达到尾闾处，意欲上而形下坠。完成此体式（如图 2）。

（十三）竖笛式（如图1）（三动）

自预备式起：

- 第一动：抬臂立掌。意于左手食指指尖，双肩空松，左肘微沉随之，以食指指尖为引导，向西南45度角缓起，至胸前，掌心向内，继而食指引导小臂，向上抬至口前，顺势向正东缓移，松腕，沉肘，空肩，保持身体中正安舒。展臂的过程中重心渐渐移至左脚，掌心向内，小臂垂直，松肩坠肘，拉展到极处，重心完全集于左脚。

- 第二动：右臂相随。第一动完成后，意于右手食指指尖，松腕曲肘，由右手食指指尖引于正东，向正东90度方向缓升至胸口，立掌，掌心向内，与左手相配合，形成笛子式。

- 第三动：右脚盘左踝。此时重心应当已完全移至于左脚，右脚可轻松抬起，继而意松两胯，右胯外形不变，保持原位，切勿有向前、后、左、右之动作及动势，意念中左胯原地向下松沉，同时微曲右膝，提右脚踝，从左小腿前顺盘于左踝外侧，最终完成动作。

第四章

清瑜伽防御术
实践与实用

清瑜伽防御术的防御原理

清瑜伽防御术实践与实用

（五十三组动作）

第一节　清瑜伽防御术的防御原理

　　清瑜伽作为一个新生的瑜伽流派，其最突出的特色便是在保持传统瑜伽所有有益功用的前提下，所发掘、拓展出来的防身效果。

　　瑜伽，作为一项历史悠久的智慧运动，其凸显的健身效果与修心功效早已被世人熟知并认可，但其本具的防身功用却始终未被人们重视，以至于瑜伽的防御性功用一直潜隐于瑜伽之中，并不为人了解。"瑜伽只是健康运动，完全与防御、技击功夫无关"已然成为人们对于瑜伽的定解。清瑜伽防御术的两位创始人，一位是有着 14 年教学经验的专业瑜伽老师，在传承、精修于奉爱瑜伽派系理论与实修的基础上，进而又研修了各个瑜伽派系的训练课程，就瑜伽业内而言，可谓专家。而另一位，则是出身于武术世家、太极名门，自幼随父——杨禹廷宗师长孙杨鑫荣先生习练禹廷八十三式太极拳，至今也已三十余年。对于太极拳的深邃理论及精妙技法，虽不敢言有所领悟，但也确是深知其"味"的。两位笔者本来是想在两人专业理论与技能的基础上，将瑜伽与太极做一个科学、合理、有效的结合，从而使瑜伽能够与太极拳一样，成为一项"既能修身，又能防身"的多功效运动。但在此过程中，我们惊奇地发现，我们想要通过融合而达到的防身功用却是瑜伽之本具的。其所潜涵的防身功用与技击原理、方法均与太极拳契合无间，我们所做的工作，仅仅是发掘与说明而已。就此而言，人类的智慧，确实是"不二"的、"同一"的。以愚管见，瑜伽防身之巧与太极拳技击之妙，两者可谓是"本然一味"，均是在于对人体平衡原理的谙熟与运用。

众所周知，人之所以能够直立行走、运动，其中的关键所在，便是力与力之间的平衡，即通过神经中枢来调动肢体，调节肢体活动，产生支撑力从而达到人体重力间的平衡。而这种平衡一旦被打破，人体必然会因自身平衡性失调，从而导致其难以维持站立而跌倒的后果。就普通人而言，因为缺乏训练，一旦与他人发生直接的身体对抗，便极易出现心念散乱、身体僵直的状况，并因此而被对方的外力所制，继而难于平衡。而清瑜伽的训练方法归根结底就是通过贯彻"顺、清、和、缓、恒"的要求，从体位法入手，身心双修，通过体位、呼吸、冥想等方法，重新整合人的身、心、灵，使三者达到最佳的平衡状态。充分调动人身潜能，在平常生活，乃至在对敌过程中，始终保持心平体柔，劲力贯穿。通过优于常人的肢体协调能力，韧带、腰身的优势，在维护自身平衡的前提下，辅之以精

准的关节技，带动对方上下肢体的联动链条，迅速有效地打破对方平衡，从而制服对方，达到防身效果。

那么，清瑜伽练习者是如何增强自身平衡能力，进而在防御中有效制约、打击对手的呢？

我们人体以脊柱为整个中轴，两肩、两胯和双膝，又形成三个横向的平衡线，清瑜伽以人体解剖学为原理，在实施防御术的过程中，破坏掉对方的一条平衡线或同时破坏其两条平衡线，从而导致对方因失衡而摔倒（当对方的一条平衡线被破坏，会导致对方的失衡，但当两条或三条的平衡线连续被破坏一定会导致对方摔倒，配合相对应的锁技或击打，完成防御的过程）。例如，己方在推对方一侧肩前侧的同时，回拉对方同侧的膝盖窝会导致对方失衡；或者，己方斜向发力，同时推对方的肩和前胯，便会导致对方失衡等等。清瑜伽以瑜伽的体位法为核心，顺势运用出课堂上所习练的瑜伽体式，即可轻易将对方反控制和击倒，从而完成防御功效！

清瑜伽首选"摩天式、直角式、双角式、战斗式、树式、三角式、单腿站立伸展式、侧角式、舞王式、鸟王式、半月式、幻椅式、竖笛式"为基础十三式。清瑜伽基础十三式一方面以体位法练身，另一方面又暗契于太极拳的"八门五步"十三势，增加了修习者的方位认知、空间感与技击意识等内容。这十三个基础体式，可以说个个都是瑜伽体式中的经典体式，它们相对独立却又连贯有序，易于上手又难于精通，因为这十三式为清瑜伽防御体系之基础与基石，故而在这一阶段均选取了站立式体式。通过这十三个动作的单独练习或串联练习，再强调呼吸和动作配合，通过伸展或挤压、刺激身体的某一个点或某一部位，从而在达到强健身心、激发人体潜力的同时，还可以达到规范人体运动轨迹，保持自身整体稳定平衡的效果。这种平衡是双重的，一种是身心修为上的平衡，一种是在对敌时所应保持的自身重心的平衡性。人在运动时，因其空间与距离以及作用力所发生改变，故而固有的平衡会被打破，重心或平衡点亦会随着运动方向的变化而不断变换。人体必须要在运动的同时，在旧有的平衡点被打破，失衡的情况下，不断地调整、建立新的平衡，才能够在保持身体安稳、不失重、不摔倒的前提下完成运动。其间，负责维持平衡的肢体与欲完成的动作的力度与方向，是相互联系，并存在着相对的虚实、动静之变化的。清瑜伽基础十三式所拣选出的这十三个体位动作，虽然看似简单，却已然包含了清瑜伽最核心的技击原则与训练理念，其所欲达到的

效果是在完善自身身体机能的同时培养出自身出色的平衡感及稳定性，并将这种稳定性时刻保持。对于之前已练习过瑜伽但完全没有防御经验的学员，学好十三式至关重要，也绝对够用了。可以说，只要你真正地掌握了这基础十三式，便已拥有了"入门之钥"，从而得以在清瑜伽之海中逐浪畅游。

"瑜伽，就是一种能够使人体会，并达到完美的双重平衡的最佳方法。"而这平衡，包括心理上的平衡和身体上的平衡，正是清瑜伽的防身原理。通过合理如法的体位法训练，在达到呼吸与体位法完美结合的过程中，除了有效达到身体的舒展、动作的顺畅，各关节的放松与串联，筋骨韧带的增强与拉伸外，更重要的是让练习者通过舒展缓和的体位动作，充分体会到由平衡到不平衡进而建立新平衡的过程的身心感受。如此循环往复、周而复始的训练和感知，所带来的结果，便是所谓的"中定"，即周身上下，只要有动作，就必达平衡之境，必得中正安舒之势。

平常完成瑜伽体位法练习的过程，即是增强我们自身平衡能力的过程，同时也是完满自身，不留挂碍的过程。在不断完善自身平衡能力的同时，清瑜伽亦附加以模拟实战训练，让学员在彼此间相互的对抗中更加明确地感知和维持这种平衡性。通过自我日常状态下的平衡训练与敌我对抗状态下的平衡训练，清瑜伽练习者们会对人体筋骨皮肉的结构和其运动轨迹、过程，达成一个整体认识，继而在有认识的基础上精准把握，合理调节，在对方来力即将与己方形成对抗、相抗的刹那间，应对对方的外力方向及力度的情况而完成自身的平衡转化。在稳定自身重心，维持自身平衡的同时，顺势引导、带领对方肢体及身体运动，并在对方力弱或位置不佳时，辅以关节锁技，主动出击，运用手别、腿绊、身形欺的综合方法，在对方已然失衡、失重的情况下，完成最后攻击，以达到以巧胜大，以弱胜强的防御目的与效果。注意，在对敌过程中，不论身体上哪个点或部位与对方相接，都应做到有感而发，应势而化，以随顺之势达成御敌之功，即清瑜伽之最高境界应为"浑身皆手"也！

人体运动得越快，或对方攻击得越迅速，其重心移动得也就越快、越迅速。在此情况下，想要继续维持平衡、保持平衡也就越难，所以，清瑜伽讲究的是"不争"，是"非暴力"，即以聪明的方法完成巧妙的技术，达到理想的效果。在出手前我们要尽量示弱，从心与身双方面稳定对方，不抢先，不主攻，使对方产生松懈与轻视感。在整个

对敌过程中，时刻谨慎且不露破绽，不给对手可乘之机。相反，一旦对方出手，欲予我们造成伤害时，则应临危不惧，精准应对，抓住对手出招时，由于其重心移动而带来的平衡变化的有利时机，后发制人。

在对方因重心移动而打破固有平衡之后，建立新的平衡之前，也就是武侠小说中常常提到的"旧力已竭而新力未生"之际，我们要充分地显现出自身的瑜伽优势，通过腰胯的配合、肩膀的打开以及周身上下的协调性，近身贴靠。在闪避或化解掉对方攻势的同时，就其维持身体平衡的各个关键之处，施以微力，不让对方建立起新的平衡，使对方的重心永远处于不稳定的状态，让其陷入一种始终无法与我相抗的被动状态中。此时我方应当注重得势而莫贪，只求将自身肢体完全舒展，动作完成到位，顺势制服对手或使之跌倒即可。所谓"动急则急应，动缓则缓随"。谨记，我方在出手后，要时刻保持动作的顺畅、连贯、轻灵，一旦出现抗力现象，即与对方顶上力了，便要即时脱开，运用身体变化、手法运化，乃至关节锁技，再袭对方平衡点，带动破坏其重心，绝不给对方提供可以与我对抗之机会，亦不能够给对方提供再次出招击打我的机会。要让对手在抗无可抗的情况下，始终处于慌忙维持自身平衡的窘迫状态。总结来说，清瑜伽的对敌原则为：对方不出手，我们不出手并示弱；对方出手轻，我们顺势用技法；对方出重手，我们就做好转化工作，让其自食其果。在这一点上，清瑜伽与太极拳倒是如出一辙的："清瑜伽与太极拳都是用对手自己的力量打败他自己。对方出手越快，输得越快；出手越狠，输得越惨，简直就是自己打自己。这也正是清瑜伽和太极拳的防御（技击）真谛。

凡防御（技击），不外乎制约与反制约。制约谓之攻，反制约谓之守。能攻善守，攻守平衡者方能所向无敌。清瑜伽的攻守，不是一味地攻，也不是一味地守，只有当"攻守一如"时，方可谓攻守平衡及所向无敌了。

洞悉了人体平衡的原理，掌握了人体运动时由重心移动而产生的维持平衡过程中力与力之间的关系，才算懂得了防御的要义。在这清晰的理论基础上，再加之合理、必要的训练过程和实践经验，方可谓真知实解。常言亦有"打人容易摔人难，摔人容易放人难"的说法。看来，谁能更好地维持自身平衡，进而破坏对手的平衡，谁就能成为实践中的胜利者。瑜伽，能够让你找到并维持住自身的平衡，而清瑜伽，则能够让你运用最佳方法去迅速、有效地破坏掉对手的平衡。故而，在有关防御的问题上，瑜伽与

清瑜伽，我们缺一不可。

　　说到底，不论是瑜伽，还是清瑜伽，其核心必是实践。清瑜伽的防御效果亦必须在实践中，通过大家的检验与认证，才能够获得最大的认可，才能最大限度地保持其发展的活力，给喜爱瑜伽的朋友们带来真实的利益与帮助。历史发展到今天，瑜伽已不再是深邃的哲学思辨，不再是众生欲以解脱现世苦难的手段及方法，而是作为一种健康的生活方式或运动方法。其修身、养生、健体的特殊功用早已为提高现代人身体素质、提升现代人生活质量做出了突出的贡献。而清瑜伽防御术则是在这些良好的基础上所挖掘出的潜藏在传统瑜伽深处的另一项实际功用。其所包含的关于防御术的训练方法及理论原则，则更加印证了人类文化都是相通的这一理念与事实。也只有这样，古老的智慧——瑜伽，才能在新的历史机遇面前获得更大、更广阔的发展空间，与伟大的中华文明一起，联接契合，为人类的文明发挥更积极的作用，让我们的生活变得更加幸福美满。

　　哈瑞，奎师那⋯⋯

第二节 清瑜伽防御术实践与实用（五十三组动作）

一、摩天式

（一）摩天式——拜日一式（破解）后抓发的运用

完成本组技术动作需要用到的瑜伽体式是拜日一式（如图1）。

- 对方自后方抓发。注意，此动作特别强调，应势变化，如遇到对方在抓发的同时猛力后拉的情况，己方应在不与其相争的情况下迅速完成动作，在减低自身伤害的同时，完成防御反击（如图2）。

- 己方完成拜日一式后仰动作；同时起两肘，用两手锁住对方手腕。注意，起两手时，应以最快速度，最短距离，完成锁对方手腕的动作，并尽己方全力，卡住、锁死对方手腕，使其无法撒手、解脱或继续攻击（如图3）。

- 以己方两手的锁点为基点，迅速拧转身体。注意，在拧转身体的过程中，己方两手要紧锁对方右手手腕，同时给予向上的力，使对方的右手手掌指尖朝下，手背冲向其右肩，手腕形成折点，因疼痛被己方控制（如图4）。

1

- 固定锁点不动，身体顺势下压。注意，在完成下压动作之前，要继续扭转对方右手腕，使其右掌侧翻立起，大拇指朝下，以便完成之后的折腕动作，达到最佳的防御效果（如图5）。
- 己方身体充分舒伸，向下压至极限。注意，在下压过程中，己方的施力重点应为对方手腕，使其腕关节产生剧痛感，从而失去抵抗能力（如图6）。
- 以对方的腕关节为发力点，顺势带动对方整体重心，使其完全丧失平衡，从而被己方摔倒（如图7）。

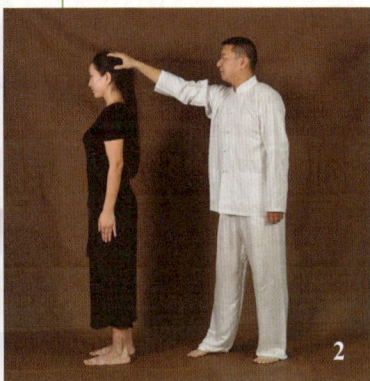

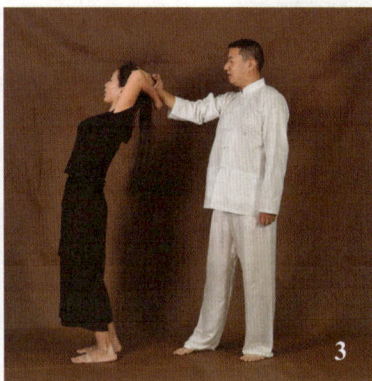

（二）摩天式 + 幻椅式（破解）后抱的运用

完成本组技术动作需要用到的瑜伽体式是摩天式、幻椅式（如图1、2）。

- 对方从后搂抱（己方双臂在内）。注意，此式强调在日常生活中的防御意识及应急反应的培养，完成此式的最佳时机为对方自后刚刚对己方实施搂抱的一瞬间，若对方搂抱动作已然成型，搂抱力量相对较大，己方则应采取其他相应的变化式，防御反击。（如图3）。

- 完成摩天式。注意，完成摩天式的过程中，要保持身体中正安舒，摩天式起手臂的动作不要架肩，手肘成圆弧状自然向上撑起对方手臂（如图4）。

- 完成幻椅式。注意，完成幻椅式的过程中，要保持身体的整体贯穿，以形成强大的冲击力，己方的整个后背与手臂形成一条直线，同时以自己的尾骨为发力点，在保持动作顺畅连贯的前提下，猛然将身体向后下方坠坐。冲撞对方腹部，使其

瞬间失重，向后坐倒（如图5）。

- 己方充分完成向后坠坐的发力动作。注意，要时刻保持身形形成一线，劲力贯穿（如图6）。
- 完成防御动作（如图7）。

（三）摩天式＋直角式（破解）正面掐脖的运用

完成本组技术动作需要用到的瑜伽体式是摩天式、直角式（图1、2）。

- 对方正面双手掐脖。注意，此动作的最佳运用时机为对方初碰触到己方脖颈，发力未充分之时（如图3）。

- 己方两肘架起，此时应注意保持身体中正安舒，两肩放松，身体切莫前倾或左右摇摆，两肩不要架起，双手合掌于胸前。两小臂平举，托架住对方两臂（如图4）。

- 完成摩天式动作。己方两臂充分舒展向上，在保持周身劲力贯穿的前提下，通过自然的手臂伸展动作，直接向上，将对方的双臂撑开（如图5）。

- 己方在撑开对方手臂的同时，上步近身，不给对方留有躲避及转化的空间，双臂下压对方双肩或颈部。将整体力点作用于对方腰上，使其腰部形成折点（如图6）。
- 完成直角式动作，以己方尾骨为基点，臂膀向上、向前延展，手肘卡住对方两肩或胸前，同时身体向前、向下折压对方腰部，顺势将对方压倒。完成防御动作（如图7、图8）。

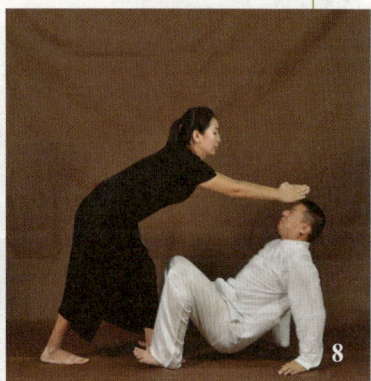

二、直角式

（一）直角式（破解）正面抓紧双腕的运用

完成本组技术动作需要用到的瑜伽体式是直角式（如图1）。

- 对方正面抓住己方双腕（如图2）。
- 己方身体中正，松肩坠肘，以自己双肘为基点，两小臂外翻，向上回磕对方两腕，使其两腕相互磕碰，产生痛感（如图3）。
- 己方上步近身，尽量使身体贴近对方身体，不给对方提供调整身体平衡的空间（如图4）。

1

- 己方双手带动对方互磕的手腕，双臂向上延展，以尾骨为基点，向前、向下伸展，充分完成直角式动作，使对方腰部形成折点，令其仰倒。注意，此过程中，自己的双手要反锁扣紧对方双腕，使其无法逃脱。另外，在整个伸展过程中，只求将自己的身体及双臂充分伸展即可。切莫出力强压对方，与对方形成抗力（如图 5）。
- 顺势将对方压倒、击出（如图 6）。

（二）直角式（破解）被正抱的运用

完成本组技术动作需要用到的瑜伽体式是直角式（如图1）。

- 对方正抱己方（己方两臂在外）。注意，如果对方身强力大，抱得过紧，己方应先示弱，待对方松懈，时机合适时，迅速完成以下动作（如图2）。

- 己方起右手向上、向后托推对方下颌（如图3）。

1

- 己方左手覆盖于自己右手上，协助右手，完成发力动作（如图4）。
- 两手合力向上、向前方托推对方下颌，完成直角式动作（如图5、6）。
- 将对方击出。注意，在整个托推过程中，只求将自己的身体及双臂充分伸展即可。切莫出力强压对方，与对方形成抗力（如图7）。

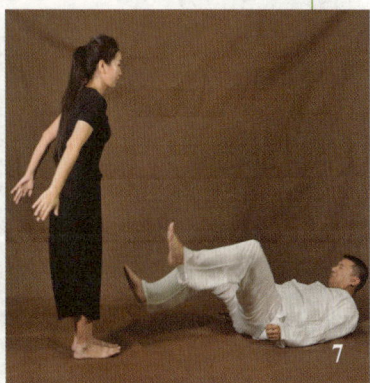

（三）直角式变化（破解）抓双腕的运用

完成本组技术动作需要用到的瑜伽体式是直角式（如图 1）。

- 对方正面抓双腕。注意，如果对方身强力大，己方要先示弱，使对方产生轻视及松懈的心态，己方在条件合适的情况下，抓住时机，完成以下动作（如图 2）。

- 己方保持左臂不动，右臂向下拧转。注意，在完成此动作过程中，要保持身体中正安舒，虚领顶劲，两肩保持放松，切莫架起。左右两手注意形成上下分劲（如图 3）。

- 己方身体向前微倾。注意，己方完成前倾动作的过程，应为自身身体的充分伸展过程。在此过程中，要保持自身重心的稳定，同时，右手扣住对方左膝窝，左手按压对方左肩，两手形成前后合力（如图4）。
- 在充分完成之前动作的基础上，继续完成身体舒展动作，充分完成直角式动作。彻底破坏对方平衡，使其向后仰倒（如图5）。
- 顺势将对方摔出（如图6、7）。

（四）脊柱扭转式（破解）正面双手抓上臂的运用

　　完成本组技术动作需要用到的瑜伽体式是脊柱扭转式（如图1）。

- 对方双手抓住己方大臂。注意，此动作要领为周身的放松与劲力的圆活，在整个防御过程中，切莫与对方以力相较，要做到整体动作的舒畅、自然（如图2）。

- 己方抬右臂回扣，合肘锁住对方左腕。注意，锁腕位置角度要准确、到位。要用自己的臂弯处加紧对方手掌，在己方抬肘的过程中，使对方手掌侧立，大拇指朝下，继而发力完成反折对方手腕的动作，使其产生剧痛（如图3）。

- 在对方左腕被己方反折的情况下，己方继而舒伸左臂，左手向斜上方猛力托抬对方右肘，使对方在这一折一托的动作下，身体失重倾斜（如图 4）。
- 充分完成脊柱扭转式，带动对方身体重心，使其完全失去平衡，己方顺势将对方摔出（如图 5、6）。

（五）脊柱扭转式（破解）贴身搂肩的运用

　　完成本组技术动作需要用到的瑜伽体式是脊柱扭转式（如图 1）。

- 对方贴身搂肩（如图 2）。

- 己方舒伸左臂，左手搭对方左肩。注意，己方应时刻保持身体中正安舒，头顶微悬，两肩切莫架起（如图 3）。

1

- 己方身体保持中正，双膝微屈，用左膝顶住对方右腿膝窝形成卡点，同时左手回扣对方左肩向后下回拉（如图4）。
- 己方上下合力，以脊柱为轴转身，完成脊柱扭转式（如图5）。
- 在完全破坏对方身体平衡的基础上，顺势将对方摔出，达到防御效果（如图6）。

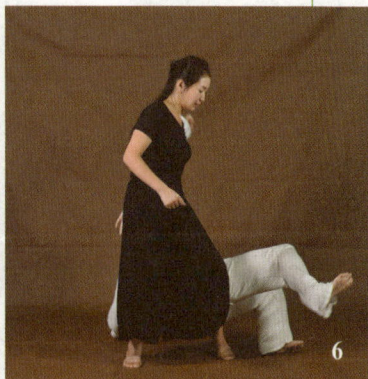

（六）脊柱扭转式（破解）正抱的运用

完成本组技术动作需要用到的瑜伽体式是脊柱扭转式（如图 1）。

- 对方正抱，己方双臂在内。注意，如果对方过于身强力大，搂抱过紧，己方可以先做示弱状。在对方放松警惕并减力的合适时机下，实施此防御技法（如图 2）。

- 己方左小臂向前舒伸，卡住对方腋下（如图 3）。

- 己方右手贴扶在对方左胯上（如图 4）。

1

- 己方向右斜后撤步，在彼此间形成一定的空隙，以便于完成后续动作（如图 5）。
- 己方顺着撤步的方向，以脊柱为轴转身，与双手形成合力，充分完成脊柱扭转式。通过身体带动，完全破坏对方重心，使之失衡、摔倒（如图 6）。
- 顺势将对方摔出（如图 7）。

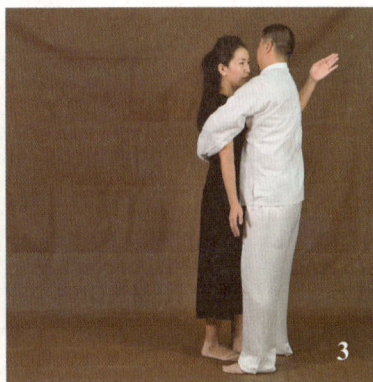

（七）脊柱扭转式（破解）直拳攻击的运用

完成本组技术动作需要用到的瑜伽体式是脊柱扭转式（如图1）。

- 对方直拳攻击。注意，在日常生活中，要注重培养自身的防御意识，一旦与对方形成对峙，或发生潜在威胁，己方要时刻留意对方的行为举止，在其真正发起攻击前，己方即已做好充分的防御准备（如图2）。

- 己方起右手迎档对方来拳，顺势扣住对方右腕下拉（如图3）。

- 己方在完成右手回拉的过程中，同时上步近身，出拳迎击对方脸颊，继而舒伸左臂，推击对方脖颈。注意，此过程中，时刻保持身体中正，两肩切莫架起（如图4）。
- 己方左臂向后下方推击对方脖颈，右手向上、向前托推对方右臂，同时用左腿贴卡对方右腿膝窝，与两臂合力充分完成脊柱扭转式，迫使对方失去重心，身体仰倒（如图5）。
- 完成防御动作，顺势将对方摔出（如图6、图7）。

三、双角式

双角式（破解）后抱的运用

完成本组技术动作需要用到的瑜伽体式是双角式（如图1）。

- 对方后抱（己方两臂在外）（如图2）。

- 己方身体向前迅速下潜，完成双角式腿部动作。注意，如果对方身强力大，抱得过紧，己方应先示弱，待对方松懈，时机合适时，迅速完成以上动作（如图3）。

1

- 己方双手抓住对方前脚踝（如图 4）。
- 己方双臂向上抬拉对方脚踝，同时臀部压制对方前膝后坐，顺势将对方摔倒。注意，在完成动作过程中，己方要时刻保持重心稳定，身体中正，头顶微悬（如图 5）。

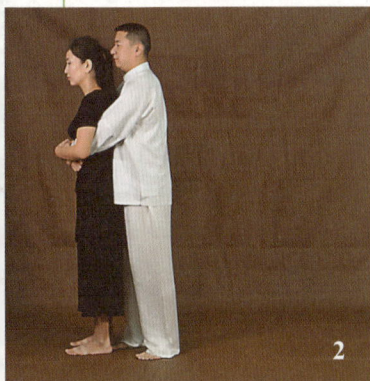

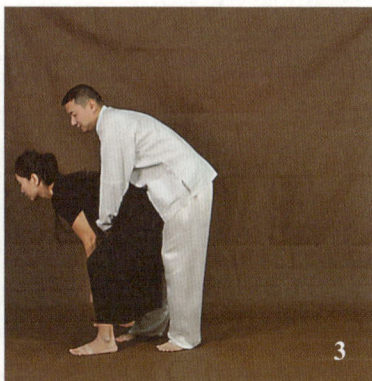

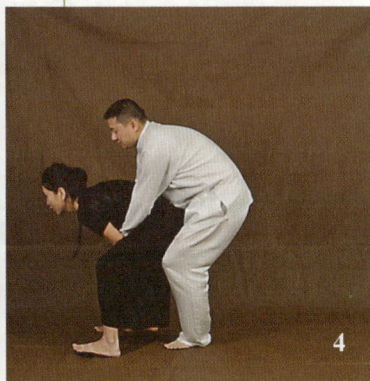

（一）战斗式二式（破解）直拳的运用之一

完成本组技术动作需要用到的瑜伽体式是战斗式二式（如图1）。

- 对方从正面用右直拳猛力向己方攻击（如图2）。
- 己方侧身上步，避其锋芒，伸左手扣住对方右腕（如图3）。
- 己方左手扣住对方右腕，顺应其势向下方回带，同时身体向前微倾，舒伸右臂，（如图4）。
- 己方左手扣住对方右腕继续回带，同时将其右臂向后侧方向推举，右手变掌搭于对方后脖颈处，完成战斗士二式准备动作（如图5）。
- 己方左臂继续向上舒伸。注意，此处要使对方右掌反转向上，令其整条右臂完全

僵直，致使对方右肘被己方锁死并形成反折，同时己方右手手掌下压对方后颈，顺势向下坠推。己方双手顺时针旋转形成合力（如图6）。

- 己方在双手全力拧转对方的同时，身体保持中正，以腰为轴迅速侧向转身，致使对方在右肘被锁死且反折，后颈被坠压向下的双重作用力下，完全被己方牵引、带动，失去重心。己方继而顺势将对方摔出，充分完成战斗士二式变化动作（如图7）。

2

3

4

5

6

7

（二）战斗士二式（破解）直拳或直扑的运用之二

完成本组技术动作需要用到的瑜伽体式是战斗式二式（如图1）。

- 对方欲攻击（如图2）。

- 对方从正面运用猛力，进行直拳攻击或直扑（如图3）。

- 己方避其锋芒，抬左臂自内而外，向身体外侧拨挡开对方右拳（如图4）。

- 己方上步近身，在尽量贴近对方身体的同时舒伸右臂，自对方右腋下穿过。注意，此时应将对方的右臂打直，莫使其右臂形成弯曲，以便在之后动作中，能够顺利达成锁臂效果（如图5）。

- 己方身体保持中正，向右侧微转，己方两臂合力，控制住对方整条右臂，顺势完成战斗士二式动作（如图6）。

1

- 己方左手锁住对方右腕，同时右臂回扣对方右肩，形成合力，保持身体中正，以腰为轴，迅速扭转身体，在将对方右臂锁死的情况下，带动对方重心，使其失去平衡（如图7）。

- 在对方已然失去平衡的状态下，己方充分完成拧身动作，顺势将对方摔出（如图8、9）。

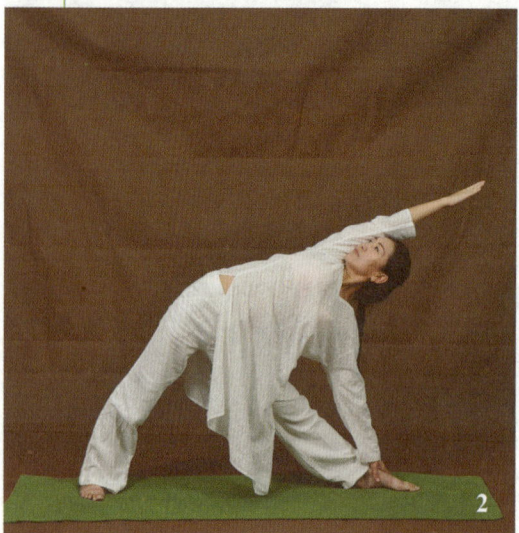

（三）战斗式二式＋大三角式（破解）抓双腕的运用

完成本组技术动作需要用到的瑜伽体式是战斗式二式、大三角式（如图1、2）。

- 对方正面抓双腕。注意，运用此式的最佳时机为对方欲抓己方双腕，即其手与己腕刚刚触碰到的那一刹那（如图3）。

- 己方开步，双臂自下而上，向两侧打开。此动作要完成得迅速、自然，要将身体充分打开，完全凸显己方的瑜伽功力（如图4）。

- 完成战斗士二式变化大三角式的动作。在完成此动作过程中，在保证自身身体中正安舒的前提下，己方左右两手的分劲要运用到位，使对方在瞬间即被己方分引、带动（如图5）。
- 顺势将对方摔出完成防御动作（如图6、7）。

五、树式

（一）树式旋转（破解）正面直拳或直扑的运用之一

完成本组技术动作需要用到的瑜伽体式是树式、脊柱扭转式（如图1、2）。

● 对方从正面运用直拳或直扑的方式向己方袭来。注意，此式最宜在对方发力猛、劲力直的情况下借势使用（如图3）。

● 己方保持身体中正，完成树式变化式，舒展左臂迎挡对方右臂，同时顺对方来力方向后带其右臂（如图4）。

● 己方上左步，近身（如图5）。

● 己方舒伸右臂，右肘过于对方颈后（如图6）。

● 己方以腰为轴拧转脊柱，完成脊柱扭转式。同时，右臂下压其颈部，左臂上托对方手臂，两臂合力进行顺时针旋转。注意，在完成此防御技术的过程中，切莫与对方产生对抗、顶力，要充分体现出平常在瑜伽练习中所获得的舒展优势，在舒伸自己两臂的同时，以对方腰部为分界点，带动对方上身拧转，使对方上身与下身联动失调，从而达到带动并破坏对方整体平衡的目的（如图7）。

● 顺势将对方摔出，完成防御过程（如图8、9）。

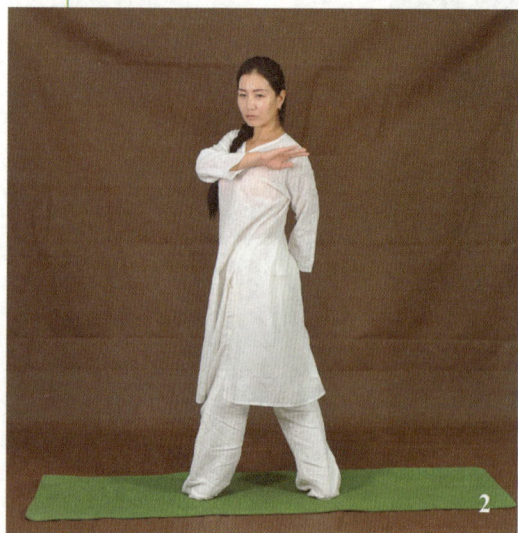

1

2

（二）树式旋转（破解）正面直拳或直扑的运用之二

完成本组技术动作需要用到的瑜伽体式是树式、脊柱扭转式（如图1、2）。

- 对方正面直拳攻击或直扑。注意，此式最宜在对方发力猛、劲力直的情况下借势使用（如图3）。

- 己方保持身体中正，完成树式变化式，沉肩坠肘，头顶微悬，舒展左手挂扣对方右肘（如图4）。

- 己方左手在向下、向后回挂对方右肘的同时，略微向前迈右脚侧身，舒伸右臂，用右小臂向左下方顺带、推压对方脖颈（如图5）。

- 己方拧身，完成脊柱扭转式，进行逆时针旋转。注意，己方的两臂、双肩和脊柱在完成扭转动作的过程中，要保证三者的协调性及统一性，以达到最佳制敌效果（如图6）。
- 充分完成旋转动作，在完全破坏对方平衡的基础上，顺势将对方摔出（如图7、8）。

（三）树式变化（破解）正面搭双肩的运用

完成本组技术动作需要用到的瑜伽体式是树式（如图1）。

- 对方正面用双手搭己方双肩（如图2）。

- 己方自外向内展肩，向上舒伸右臂。注意，舒伸手臂的过程中己方手臂尽量贴近对方左腕，直接向上舒伸。切莫动作过大，给对方留有进攻的时间及空间（如图3）。

- 己方右肘下压对方左肘。注意，下压对方左肘过程中，要保持全身中正安舒，头顶微悬，在松肩沉肘的基础上，将己身劲力贯穿一致，切莫以单臂之力与对方较力，形成抗争之势（如图4）。

- 己方起左臂，左手掌向右上托抬对方右肘，与左肘下压形成合力。注意，两肩要放松，切莫架起双肩。同时，要注意两肩的相互配合，以便达成劲力顺畅的效果（如图5）。

- 在完成上述动作，对方重心已被己方带动倾斜的同时，己方起右脚绊踩对方左膝窝（如图6）。

- 己方手、肩、足三力相合，顺势以脊柱为轴，向右后方向扭转身体，充分完成树式变化式，完全带动并破坏对方重心，使对方失去平衡而摔倒，完成防御动作。注意，此动作在平日练习时要注意依次连贯完成练习过程，但在实际运用中，整体动作要一气呵成，劲力顺畅、连贯（如图7、8）。

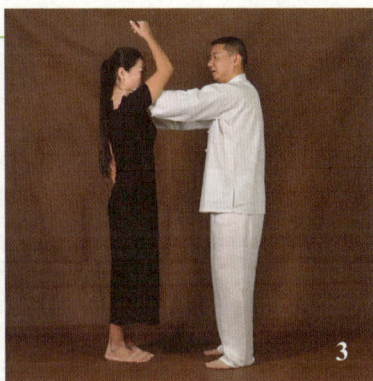

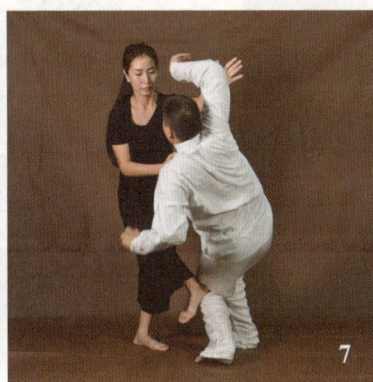

（四）树式＋直角式（破解）侧踢的运用

完成本组技术动作需要用到的瑜伽体式是树式、直角式（如图1、2）。

- 对方欲向已方进攻。注意，在实际应用中，要特别注重培养自身的防御意识，要对潜在威胁提早发觉，提前做好应对准备，一旦与对方形成对峙，从心态上到身体上都要时刻做好御敌准备（如图3）。

- 对方正面起右腿侧踢，已方抬左腿，左膝外摆，完成树式腿部动作，用自己左膝盖骨，迎磕对方大腿内侧肌群，使对方腿部产生麻木感及疼痛感（如图4）。

- 在磕开对方来腿后，已方近身，尽量贴近对方身体，不给对方留有逃脱及反击的空间和距离，继而竖起小臂，在防止对方进攻的同时，为下一步动作做准备（如图5）。

- 己方舒展双臂，以尾骨为基点，向前、向下伸展，压击对方两肩。充分完成直角式动作，使对方腰部形成折点，令其仰倒。注意，在整个伸展过程中，只求将自己的身体及双臂充分伸展即可，切莫出力强压对方，与对方形成抗力（如图6）。
- 充分完成直角式动作，顺势将对方击倒（如图7、8）。

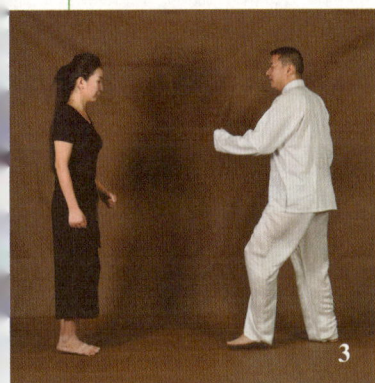

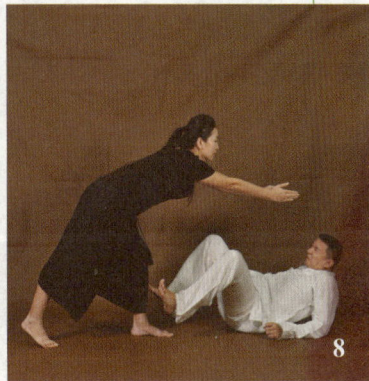

六、三角式

大三角式 + 脊柱扭转式（破解）直拳的运用

完成本组技术动作需要用到的瑜伽体式是大三角式、脊柱扭转式（如图1、2）。

- 对方出右直拳攻击（如图3）。
- 己方抬屈前臂，抬右手迎挡（如图4）。
- 己方借对方来袭之力，顺势扣紧对方右腕回拉，同时己方左腿向前进步，埋步于对方右腿后侧。此处应注意，己方要尽可能地紧贴对方身体，近身舒展己方左臂，左手挂扣对方左肩后侧，完成大三角式预备动作（如图5）。
- 己方右手控制对方右臂向前上方推送，左手扣住对方左肩向后下方坠拉，同时，左膝盖顶击对方右膝窝，使对方身体后倾，三者合力，充分达到破坏对方身体平衡的效果（如图6）。

- 在三方合力的作用下，以脊柱为轴，在迅速扭转身体的同时，双臂继续舒展发力，充分完成脊柱扭转式动作（如图7）。
- 在对方平衡已被完全破坏的基础上，顺势将对方摔出，达到防御效果（如图8）。

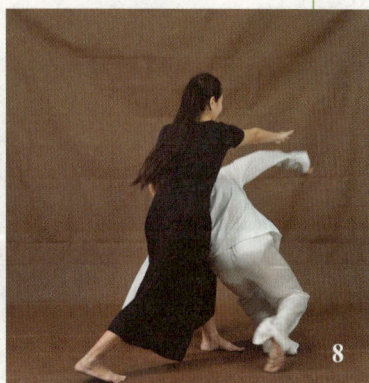

七、单腿站立伸展式

单腿站立伸展式（破解）各类针对上半身攻击或禁锢的运用

　　完成本组技术动作需要用到的瑜伽体式是单腿站立伸展式（如图 1）。

- 对方右直拳攻击，或抓领子、掐脖等（如图 2）。
- 己方快速反应，封挡住对方攻势，左手扣住对方右腕（如图 3）。
- 己方运用单腿站立伸展式动作，注意保持身体中正。在保持自身重心稳定的前提下，起左脚踢击对方前侧腿膝盖，使对方身体前倾。注意，踢击位置要准确，确保对方膝盖形成死点（如图 4）。

1

- 在连贯完成前期动作，对方身体已前倾的情况下，己方顺势提左膝，磕击对方手肘或面门，具体磕击位置视临场情况而定（如图5）。
- 充分完成单腿站立伸展式变化，继而顺势向前下方发力，踢击对方前胯，将对方端出。注意，踢击位置要准确，确保达到破坏对方身体平衡，使其向后摔倒的目的，达到防御效果（如图6）。

八、侧角式

(一) 侧角式 (破解) 正面双腕被抓的运用

完成本组技术动作需要用到的瑜伽体式是侧角式 (如图 1)。

- 对方自正面抓握己方双腕 (如图 2)。
- 己方保持身体中正，略微侧身，回拉左臂，同时伸展右手，自下而上紧扣对方右肘 (如图 3)。
- 己方微坐身，右手回带对方右肘，同时左手略向前送，左手腕向上翻转的同时向下坠压对方右腕，配合右手形成合力，使得对方的右小臂上翻与右大臂形成夹角，

1

从而达到锁扣效果。此时，己方身体应尽量贴近对方，并尽量托起对方右肘，使对方的小臂平行于地面，使其产生剧痛（如图4）。

- 在使对方产生剧痛的基础上，左腕继续坠压对方右腕向下的同时，右手继续向上提托对方右肘，充分完成侧角式变化的运用（如图5）。

- 对方因其右肘已完全被锁死并反折，在剧痛的情况下，必然失重，向后倾倒。此时，己方顺势将对方摔出，达到防御效果（如图6）。

（二）侧角式（破解）后搭双肩的运用

完成本组技术动作需要用到的瑜伽体式是侧角式（如图1）。

- 对方自后搭住己方双肩（如图2）。

- 己方身体晃动，向右侧平移，为之后的动作创造出必要空间（如图3）。

- 己方身体自右侧反向左侧平移，略微转身。注意，在反方向平移及转身过程中，整体动作要自然、顺畅、迅速（如图4）。

- 己方右臂上抬，右肘挂住对方右肘。注意，要使己方右大臂平直，右小臂向下垂直，使己方右肘形成一个直角，并使自己的小臂与对方的手肘形成一个十字（如图5）。

- 己方用右小臂挂住对方右手肘，以腰为轴，完成侧角式动作。注意，在整个动作完成过程中，身体要始终保持放松状态，以便己方能够将劲力贯穿，莫与对方形成抗力（如图6）。
- 充分完成侧角式变化，将对方顺势摔出（如图7）。

（三）侧角式（破解）对方后抱（松抱）的运用

完成本组技术动作需要用到的瑜伽体式是侧角式（如图1）。

- 对方自后抱住己方，己方双臂在内（松抱）（如图2）。

- 双掌相合，两大臂向上架起。注意，完成动作的过程中要注意松肩、圆肘。另外，因为此处设定的场景为对方松抱己方，彼此之间无法形成可以直接实现摔法的支撑点，故而己方有条件、有空隙实施准备动作，为后续的技法创造便利条件（如图3）。

- 己方左臂自下滑入对方左臂内侧（如图4）。

- 己方右手扣住对方左腕，同时，左臂竖直平送，紧贴住对方左肘。注意，自己的右手和左臂要形成合力，使自己的左前臂和对方的左肘形成一个支点（如图5）。

- 以己方的左前臂和对方的左肘形成的支点为轴，在扭转脊柱的同时，身体向右后

展开，继而右肘要有顺序、连续、迅速地向上、向后、向后下做一个弧形运动，充分完成侧角式动作（如图6）。

- 因为对方左肘已经被己方左肘挂住，并形成支点，故而在支点保持不动的情况下，己方得以充分展现出通过瑜伽练习所获得的身体优势，在快速扭转身体的过程中，通过身体的展开，与重心的瞬间变化，必然会带动并破坏对方的身体平衡，顺势将对方摔出（如图7）。

（四）侧角式（破解）对方后抱（紧抱）的运用

完成本组技术动作需要用到的瑜伽体式是侧角式（如图1）。

- 对方自后抱住己方，己方双臂在内（紧抱）（如图2）。

- 己方右手抓扣对方手腕，左手腕扣住对方左肘形成支点。注意，完成动作的过程中要注意松肩、圆肘。另外，因为此处设定的场景为对方紧抱己方，彼此之间已自然形成可以直接实现摔法的支撑点，故而己方只要直接使用技术动作，即可达到防御效果（如图3）。

- 以己方左手腕扣住对方左肘所形成的支点为轴，在扭转脊柱的同时，身体向右后展开，继而右肘要次第、连续、迅速地向上、向后、向后下做一个弧形运动，充分完成侧角式动作。注意，在此过程中，两肩要时刻保持松沉状态，切莫架起（如图4）。
- 通过自己身体的充分舒展和扭转，以及重心的瞬间变化，必然会造成对方的身体失衡，继而顺势将对方摔出，达到防御效果（如图5、6）。

（五）侧角式扭转（破解）摆拳的运用

完成本组技术动作需要用到的瑜伽体式是侧角式扭转（如图1）。

- 对方右摆拳击出（如图2）。

- 己方左手迎挡对方右腕，右臂立直迎接对方右肘，使右小臂和对方手肘形成一个十字。注意，在迎挡过程中，要保持自己立身中正，头顶微悬，全身肌肉处于放松状态，特别是自己的两肩，不要过于僵硬和架起，时刻保持沉肩坠肘的状态（如图3）。

- 己方右臂从垂直变为平展，挂住对方右肘，同时完成侧角式扭转。注意，此过程中，自己重心微向下坐，上身略向前倾，己方左手扣住对方右腕回拉，同时己方

1

右肘向前推送继而平转，紧紧挂住对方右肘，两手同时形成合力，将对方右臂完全锁死（如图4）。

- 在完全锁死对方右臂的前提下，以脊柱为轴，扭转身体，将身体舒展并发力，完成发放动作，致使对方在不可抗拒的状态下，被己方带动，失去平衡，向后摔倒（如图5）。

（六）侧角式扭转（破解）对侧抓手腕的运用

完成本组技术动作需要用到的瑜伽体式是侧角式扭转（如图1）。

- 对方右手抓住己方右手（如图2）。

- 己方右手微抬，顺势近身，起左侧手臂击压、挂带对方右肘（如图3）。

- 己方左肘向后下方挂压对方右肘，身体同时下压。注意，在击压、挂带对方右肘的过程中，发力方向应为向下、向后回挂。同时保持身体中正，松肩、悬顶。整体动作要完成得自然、流畅、迅速（如图4）。

- 如果对方对抗力量较大，无法靠挂带其肘达到防御效果，己方要顺势变招，改变后下压方向，以自己左胯为基点，身体转向右后方（如图5）。

- 己方完成转身动作，同时盘肘，自己左臂自下而上缠绕住对方右前臂，左手扣住自己的右前臂，双臂相合，锁死对方右肘及前臂。注意，在完成两臂的缠绕过程中，要用己方的左臂紧紧夹住对方右前臂，己方的右手同时回扣、紧锁住对方的右腕，以防止对方挣脱（如图6）。

1

- 在锁死对方前臂基础上，己方左膝跪地，身体下蹲。注意，在自己屈膝、下跪的过程中，身体要始终保持垂直下降，切勿出现上身左右摇动、前倾后仰的现象。时刻保持身体中正，脊柱立直，松肩悬顶（如图7）。

- 充分完成侧角式扭转变化动作，保持下身不动，同时向右后方扭转上身，在扭转过程中，两臂锁紧对方右前臂，持续向对方右前臂施压，带动对方右臂伸直。以

己方的左肋骨为支
点，抵住对方右肘，
以达到锁死、反折
对方右肘肘关节的
目的。在此情况下，
因对方的右肘关节
已完全被己方拉直
并形成反折，故而，
对方必将失去平
衡，向前摔倒。己
方顺势完成将对方
向前发放的技术动
作（如图8）。

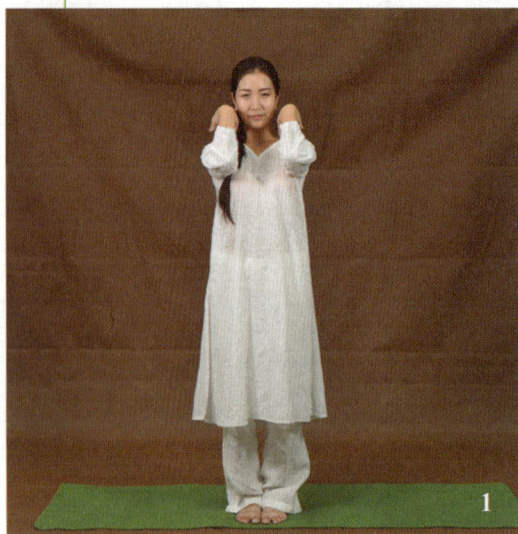

（七）侧角式扭转（破解）前抓双腕的运用

完成本组技术动作需要用到的瑜伽体式是肩旋转式（热身动作）、侧角式扭转（如图1、2）。

- 对方正面抓住己方双腕（如图3）。

- 己方右前臂微抬，右手抓握对方右手腕。注意，如果对方过于身强力大，己方可以先做示弱状。在对方放松警惕并减力的合适时机下，己方以轻缓、舒展为原则，迅速立左掌，用虎口处抓住对方右手腕，同时己方右手辅助左手扣住对方右腕（如图4）。

- 己方左腕卡住对方右腕外侧，完成肩的旋转动作，同时身体侧转。注意，此过程中要将对方的整条右臂拉直并形成反转，使对方右手掌心向上，同时，己方双手合力，向对方肩关节方向压折对方右腕，使其产生剧痛，继而己方左肘过对方右肘向下侧下压（如图5）。

- 完成侧角式扭转动作。注意，完成过程中始终要保持向对方的手腕及手肘施压，切莫松懈、减力，给予对方反抗或挣脱机会。此处关键点在于，折腕与折肘要同时进行，使对方在同一时间内受到双重压力，产生难以忍受之痛楚，从而无法进行抵抗（如图6）。
- 充分完成侧角式动作，将对方顺势摔出（如图7）。

（八）侧角式扭转（破解）前抓双腕的运用

　　完成本组技术动作需要用到的瑜伽体式是侧角式扭转（如图 1 ）。

- 对方正面抓住己方双腕（如图 2 ）。

- 己方左臂向前舒伸，右臂向后回拉，形成分劲。注意，此防御技术最佳使用时机为对方刚刚抓住己方双腕的那一刹那，己方应保持中正安舒，以脊柱为轴，左臂向前舒展，同时，右臂完成回拉动作，尽量将自己的双肩完全舒展打开，以达到牵引并破坏对方重心及平衡的目的（如图 3 ）。

1

- 前后两臂完全打开，上下分展。在对方已失去平衡的基础上，运用双臂展开的动作带动对方重心，继而增强破坏对方整体平衡的效果（如图4）。
- 充分完成侧角式扭转动作。注意，此处应注意火候的把握，只求将己方的身体充分舒展即可，切莫贪图防御效果，过分追击对方，从而产生反效果（如图5）。
- 顺势将对方摔出（如图6）。

（九）侧角式扭转（破解）正抱的运用

完成本组技术动作需要用到的瑜伽体式是侧角式扭转（如图 1）。

- 对方正抱，己方双臂在内。注意，如果对方过于身强力大，搂抱过紧，己方可以先做示弱状。在对方放松警惕并减力的合适时机下，实施此防御技法（如图 2）。

- 己方左小臂向前舒伸，卡住对方腋下（如图 3）。

- 己方右手掌推击对方左胯，使双方身体间形成空隙，以便实施后续技法动作（如图 4）。

- 己方右腿迈至对方右腿后侧。注意，迈腿过程中己方身体尽量贴近对方身体，不要让双方身体间形成过大空隙（如图 5）。

- 己方右腿挺直不动，以此为支点，绊住对方右后膝窝，同时己方左臂向后下方向拉拽对方右肩，己方右臂舒直，向左下方推送对方左胯。以腰为轴，完成侧角式扭转动作（如图 6）。

- 使对方完全失去重心，将对方顺势摔倒（如图 7、图 8）。

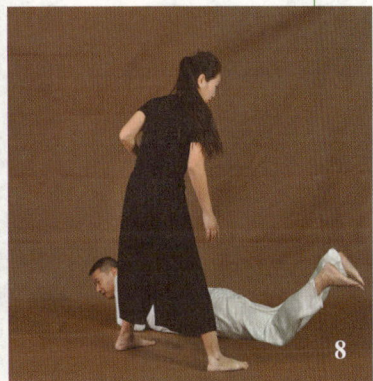

九、舞王式

舞王式（破解）摆拳的运用

完成本组技术动作需要用到的瑜伽体式是舞王式（如图 1）。

- 对方右摆拳攻击（如图 2）。

- 己方抬左臂自内侧向外侧迎挡（如图 3）。

- 己方以双方接触点为基点，转肘顺接对方来拳（如图 4）。

- 己方身体微转，过对方手肘，压制对方手臂向下，带动对方身体转动（如图 5）。

- 己方完成舞王式动作，起左腿，左脚踢击对方右膝。注意，此处踢击对方膝盖的动作要迅速，位置要准确，在己方以较大力度踢击对方膝盖的情况下，对方必将失去重心向前倾倒（如图 6）。

- 己方顺势向上抬胯，迎击对方前倾的身体，以膝盖顶击对方手肘或下颌（如图 7）。

- 己方左脚顺势踢击对方前胯，将对方击出。注意，踢胯的动作要迅速完成，力猛，并位置准确，使其因前胯受到重击而导致身体失去平衡，向后倾倒（如图 8）。

十、鸟王式

（一）鸟王式（破解）正面抓发的运用之一

完成本组技术动作需要用到的瑜伽体式是鸟王式（如图1）。

- 对方正面抓发。注意，清瑜伽的整体防御原则，就是以平静的心态，及柔韧舒展的动作，在看似被动的情景之下，顺畅、自然地完成防御过程，达到防御效果。简单地说，就是我们平常怎样练习瑜伽，就怎样在实战中完成防御（如图2）。

- 己方舒伸右臂，右肘抬至对方右肘处（如图3）。

- 己方抬左臂，用自己左肘叠压自己右肘，完成鸟王式上身动作，两肘合力，对对方的右肘形成强大的压制之势（如图4）。
- 己方屈膝，身体下压，在保证己方重心稳定的前提下，用己方的头顶顶住对方手掌，和自己交叠的手肘形成合力，将对方右臂及肘锁死（如图5）。
- 完成鸟王式动作，通过自身身体的下压之势，顺势将对方摔倒（如图6、7）。

（二）鸟王式（破解）正面抓头发的运用之二

完成本组技术动作需要用到的瑜伽体式是鸟王式（如图1）。

- 对方正面抓发（如图2）。
- 己方右前臂上抬，抵住对方右腕（如图3）。
- 己方舒伸左臂，左肘及左前臂由对方右肘上侧，自外向内回扣对方右肘及前臂（如图4）。
- 己方双臂互缠，形成合力，完成鸟王式上臂动作，完全将对方的右臂及肘部锁死（如图5）。

- 己方在保持身体重心的前提下，身体下坐。对方因其手臂被己方锁死、制约，必被己方所带动，造成对方重心不稳，向下倾坐之势（如图6）。
- 继续下压，完成鸟王式。顺势向前舒展身体及双臂，完成推发动作，将对方击出（如图7、8）。

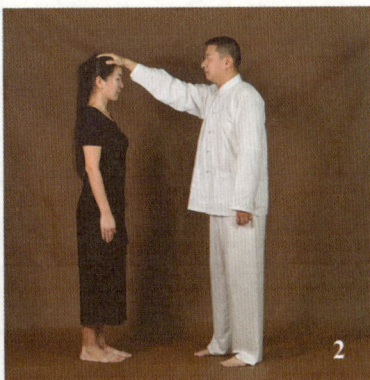

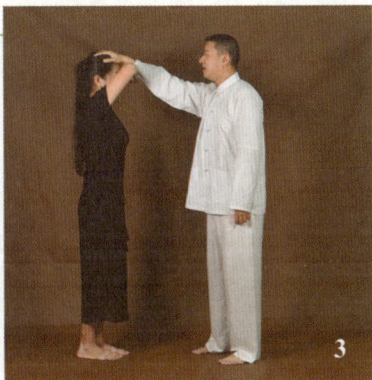

（三）鸟王式（破解）正面抓领子的运用

完成本组技术动作需要用到的瑜伽体式是鸟王式（如图1）。

- 对方正面抓领子。注意，清瑜伽的整体防御原则，就是以平静的心态，及柔韧舒展的动作，在看似被动的情景之下，顺畅、自然地完成防御过程，达到防御效果。简单地说，就是我们平常怎样练习瑜伽，就怎样在实战中完成防御（如图2）。

- 己方向上直抬左前臂，以左手肘抵住对方右腕或小臂上侧，左肘扣压对方右腕（如图3）。

- 己方右肘叠压在自己左肘上，用胸口抵住对方手掌，形成合力，完成鸟王式手臂动作，双臂合力将对方右腕锁死（如图4）。
- 在保持身体重心稳定的前提下，屈身下压，完成鸟王式下压动作（如图5）。
- 在保持动作顺畅与身体放松的状态下，继续下压动作。完全牵引、破坏掉对方重心，在其失衡的状态下，顺势将对方摔出（如图6、图7）。

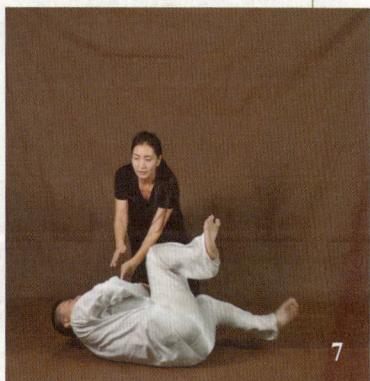

十一、半月式

半月式（破解）正踢的运用

完成本组技术动作需要用到的瑜伽体式是半月式（如图 1）。

- 对方起右腿正踢。注意，己方在平日中，就应注重培养防御意识，一旦与对方发生对峙的情况，己方的注意力便应完全提起，通过对方的神态、语言及细微的肢体动作，提前对对方的攻势产生预判。在对方真正起腿攻击之前，己方便以做足了充分的防御准备（如图 2）。

- 在对方正踢的同时，己方应控制好双方的距离，完成闪避的同时，顺势微侧身体，以右手接对方来腿，继而近身（如图 3）。

- 己方左手舒伸，掌根贴压对方脖颈，平掌展指，叩击对方咽喉（如图 4）。
- 己方右手上提对方右脚踝，左手向下叩击对方咽喉，双手完成合力。同时，己方重心完全集于左腿，向后抬起右腿，完成半月式动作。在三力相合的情况下，完全破坏对方平衡，将对方顺势摔出（如图 5、6）。

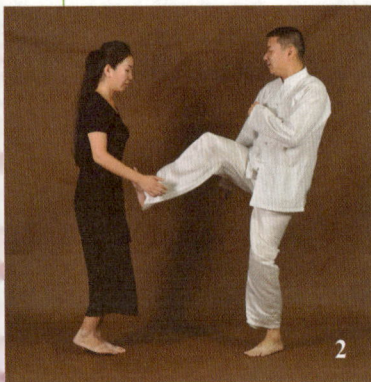

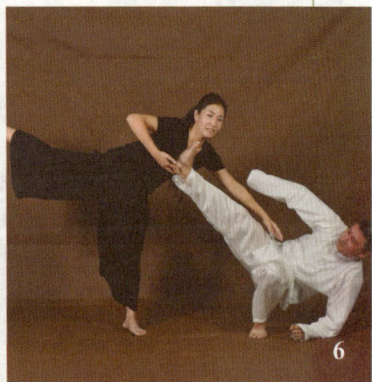

十二、幻椅式

（一）幻椅式（破解）后方单臂勒颈的运用

完成本组技术动作需要用到的瑜伽体式是幻椅式（如图1）。

- 对方从后单臂勒颈。注意，此动作特别强调应势变化及应激反应的训练，己方应做到在敌勒颈的一刹那，本能地形成防御式。如遇到对方在勒颈的同时附有后拉拖拽之势，己方应在做好防御式的基础上，顺势、迅速地完成防御动作，在减低自身伤害的同时，完成防御反击（如图2）。

- 己方低头藏颈，用下巴抵住对方手臂，同时两手扣住对方小臂，给自己留有喘息的空间，完成幻椅式腿部姿势，屈膝顶臀。以己方尾骨为接触点，向后、向下猛力坠坐对方小腹，使对方在腹部受到撞击的情况下，上半身向前倾（如图3）。

- 己方在对方上半身前倾的基础上，平抬两肘。注意，此时己方右手应扣紧对方左腕，同时左手紧紧锁扣对方左肘，使自己和对方之间形成一个支点，为后续动作

创造条件（如图 4）。

- 在完成上述动作的基础上，己方以胸椎为基点迅速拧转身体，两臂逆时针旋转。注意，在此过程中，己方身体要尽量贴紧对方身体，以达到破坏对方身体平衡的效果，使对方无有转化及逃避空间（如图 5）。
- 顺势将对方摔出。注意，整个动作过程，要完成得连贯有序，一气呵成，防御、制敌在转瞬之间（如图 6、7）。

（二）幻椅扭转式（破解）被搭对侧肩的运用

完成本组技术动作需要用到的瑜伽体式是幻椅式（如图 1）。

- 对方右手搭住己方右肩（如图 2）。
- 己方微转右肩，向后方略带对方右臂，尽量将对方右臂拉直。同时抬左臂，自上而下磕砸对方右肘（如图 3）。

- 己方在完成磕砸对方右肘的动作后，继而用左肘自内而外挂锁对方右肘臂弯，同时屈膝坐身，完成幻椅式腿部动作（如图4）。
- 己方在完成上述动作，已带动对方重心的基础上，右臂前伸，击压对方脖颈，两手形成合力，完成扭转动作，彻底破坏掉对方平衡（如图5）。
- 顺势将对方摔出，达到防御效果（如图6、7）。

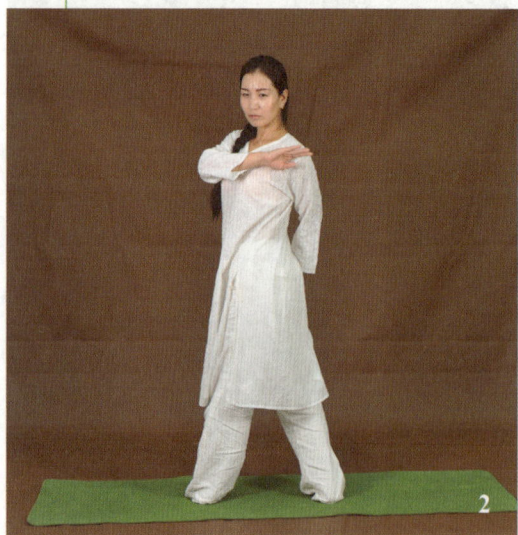

（三）幻椅式 + 脊柱扭转式（破解）
双手锢颈的运用之一

完成本组技术动作需要用到的瑜伽体式是幻椅式、脊柱扭转式（如图1、2）。

- 对方自后双手锢颈。注意，此动作特别强调，应势变化及应激反应的训练，己方应做到在敌勒颈的一刹那，便本能地形成防御式。如遇到对方在勒颈的同时附有后拉拖拽之势，己方应在做好防御式的基础上，顺势、迅速地完成防御动作，在减低自身伤害的同时，完成防御反击（如图3）。

- 己方低头藏颈，用下巴抵住对方手臂，同时两手扣住对方小臂，给自己留有喘息的空间，完成幻椅式腿部姿势，己方迅速向对方左斜后方向后坐闪身，尽量使自己右侧臀部紧贴对方左髋外侧。注意，保持整体动作流畅、自然（如图4）。

- 己方在后坐闪身的基础上，继续向后撤身，将右腿撤于对方左腿膝窝后，形成卡点，同时用右手

肘卡住对方左髋，上下合力，完全将对方身体卡住，使其没有活动空间（如图5）。

- 在已控制住对方身体重心的基础上，己方右臂舒伸，推击对方右髋，与步骤3的动作形成合力，将对方重心完全破坏（如图6）。
- 在已完全破坏对方重心的基础上，充分完成脊柱扭转动作，顺势将对方摔出（如图7、8）。

（四）幻椅式＋脊柱扭转式（破解）双手锢颈的运用之二

完成本组技术动作需要用到的瑜伽体式是幻椅式、脊柱扭转式（如图1、2）。

- 对方自后双手锢颈。注意，此式一定要在对方没有充分完成技术动作前使用，如果对方的裸绞动作已然成型，那么己方必将失去防御机会（如图3）。

- 在对方动作还未完全成形之际，己方用左手拉扣对方左肘，同时起右臂，用右掌向上方猛力托抬对方右肘（如图4）。

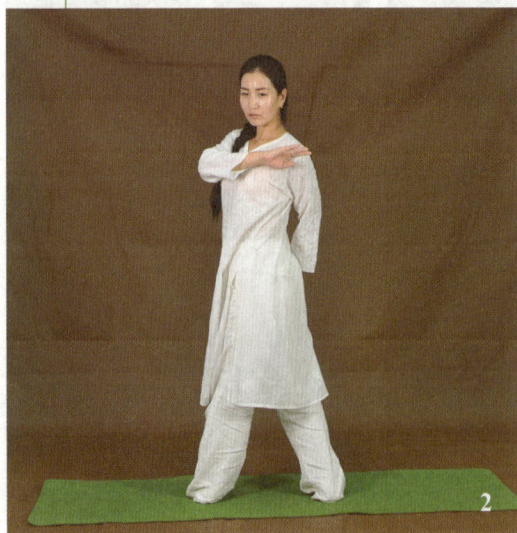

- 在托抬对方手臂的过程中，己方身体向下略坐，完成幻椅式腿部动作。同时，右手向上托举对方手肘，左手向下扣拽对方左肘，双手形成合力（如图5）。
- 己方两手合力，同时配合身体动作，充分完成脊柱扭转式。将对方手臂从自己或己方头顶上方绕过，继而双手完成顺时针旋转，带动对方身体侧倾，重心失衡（如图6）。
- 顺势将对方摔出，达到防御效果（如图7、8）。

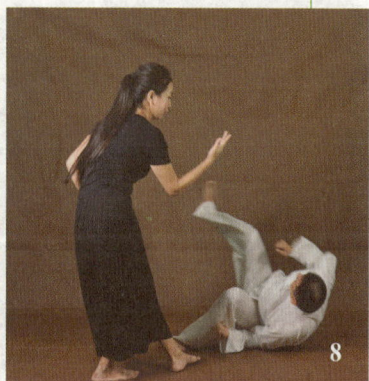

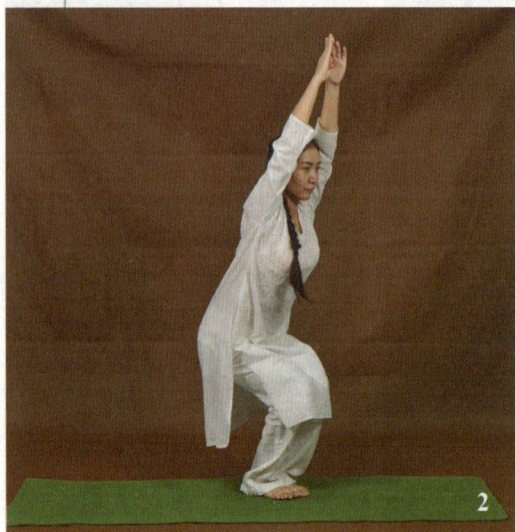

（五）肩旋转 + 幻椅扭转（破解）正面抓单腕的运用

完成本组技术动作需要用到的瑜伽体式是肩旋转式、幻椅式（如图1、2）。

- 对方左手从正面抓己方右腕（如图3）。

- 己方重心略微下坐，屈双膝，完成幻椅式腿部动作，同时屈臂立掌扣住对方左腕，使其左手垂直向下，指尖冲地（如图4）。

- 己方完成肩旋转式，己方右臂回屈，向自己左肩处，带引对方左臂。注意，要在带引对方手臂的过程中，使对方手臂向其内侧翻转，使其掌心冲上，并在保证其手臂完全伸直的状态下，用己方右肘向下压制对方左肘（如图5）。

- 己方身体继续向前下压。己方右手与右肘同时向下施压，形成合力，在锁死对方左臂、左肘的基础上，带动对方重心，使其在不可抗拒的状态下失去平衡（如图 6）。
- 完成幻椅扭转动作（如图 7）。
- 顺势将对方摔出（如图 8）。

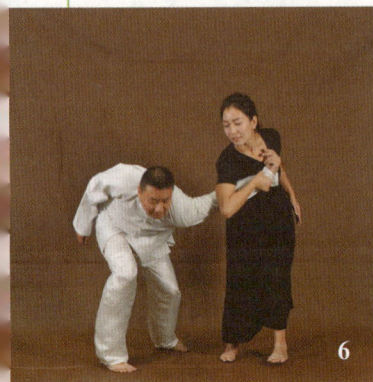

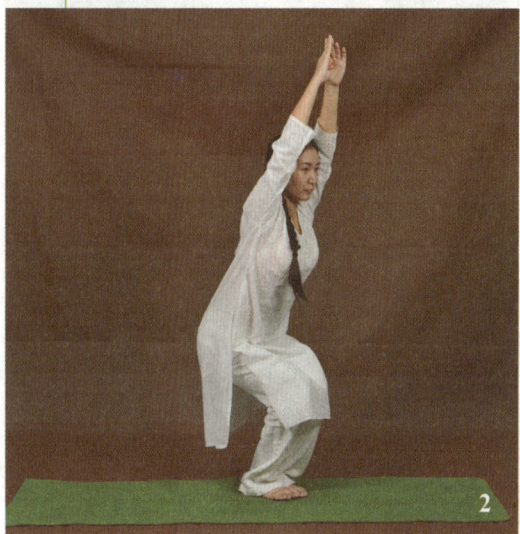

（六）肩旋转＋幻椅扭转（破解）正面单手抓腕的运用

完成本组技术动作需要用到的瑜伽体式是肩旋转式、幻椅式（如图 1、2 ）。

- 对方从正面单手抓住己方右腕（如图 3 ）。

- 己方起右臂，屈肘向前舒伸，完成肩旋转式。注意，在此过程中，己方要用肘部翻绕过对方左腕（如图 4 ）。

- 己方近身，以对方的左腕为基点，右肘下压、挂住对方左肘，完成肩旋转式（如图 5 ）。

- 己方右肘挂住对方左肘，同时屈膝，身体下坐，完成幻椅式。注意，要用整个身体的贯穿之力，完成对对方左肘的压制，使其身体前倾，重心失衡（如图6）。
- 在对方重心已完全失衡的基础上，以脊柱为轴，完成幻椅扭转式（如图7）。
- 顺势将对方摔出，完成防御动作（如图8）。

（七）肩旋转 + 幻椅扭转（破解）正面单手搭肩的运用

完成本组技术动作需要用到的瑜伽体式是肩旋转式、幻椅式（如图1、2）。

- 对方从正面单手（或双手）搭肩（如图3）。

- 己方要保持身体中正安舒，两肩切莫架起，继而双肩微转，左臂自下向上舒伸，左肘贴挂对方左臂弯处，自己的左前臂和对方的左臂形成一个十字（如图4）。

- 己方回屈前臂，用自己臂弯处，紧紧枷锁住对方左肘，充分完成肩旋转式。注意，在此过程中要牢牢扣锁住对方左肘（如图5）。

- 己方双膝微屈，在保持自身重心稳定的前提下，完成幻椅式腿部动作。同时，己方左肘向后回带、左手扣紧对方左肘回拉，将对方左肘形成反折。从而致使对方重心不稳、身体失衡（如图6）。

- 己方由身体带动继续完成下压动作，并充分完成幻椅扭转动作（如图7）。

- 顺势将对方摔出，完成防御动作（如图8、9）。

（八）肩旋转式（破解）侧搂肩的运用

完成本组技术动作需要用到的瑜伽体式是肩旋转式（如图1）。

- 对方侧搂肩（位置较远）。注意，完成此动作的要点在于，要对对方的搂肩意图有提前的预判，在提前做好防御准备及控制好双方间距离的基础上，待对方手臂与己方肩膀相接处的刹那，一气呵成，完成此动作（如图2）。

- 对方手臂刚一搭上己方肩膀，己方随即迅速向上舒伸左臂，由外向内迎接对方手臂（如图3）。

● 己方身体微侧，双肩放松，用左颈侧及左臂弯合力将对方手臂夹紧，同时通过身体动作带动将对方手臂翻转，使其手掌上翻。继而己方左肘回扣，卡住对方右肘及臂，使对方右肘关节形成反折，产生剧痛，完成肩旋转式，完全带动及破坏对方重心，使其失衡摔倒，顺势将对方摔出（如图4、5）。

（九）正肩旋转式（破解）搭双肩的运用

完成本组技术动作需要用到的瑜伽体式是肩旋转式（如图1）。

- 对方正面搭双肩。注意，此式动作仅限于对方单纯搭肩时使用，如遇对方在搭肩过程中有向前推、向后拽、掐脖子及其他连续攻击动作，己方则应以其他相应的变化式，完成防御（如图2）。

- 己方在保持身体中正安舒、头顶微悬的前提下，身体向右侧微转，左手扣住对方左腕，令其无法撤脱，同时以左腕为基点，起左肘自内向外过对方左肘。注意，完成过肘动作时，自己的左肘要尽量贴近对方左臂，不要使彼此间留有较大空隙（如图3）。

- 己方身体下压，同时左臂肘压制对方左臂肘。注意，下压时要运用全身的贯穿之力，不要单以臂、肘力与对方力抗（如图4）。
- 在己方运用整体贯穿力将对方完全压制，并通过对其左肘的制约，达到带动对方重心，使其身体失衡的效果下，继而两肩合力，完成肩旋转式动作（如图5）。
- 顺势将对方摔出，以达到防御效果（如图6、7）。

（十）逆肩旋转式（破解）正搭单肩的运用

完成本组技术动作需要用到的瑜伽体式是肩旋转式（如图1）。

- 对方正面搭单肩。注意，此式动作仅限于对方单纯搭肩时使用，如遇对方在搭肩过程中有向前推、向后拽，及其他连续攻击动作，己方则应以其他相应的变化式，完成防御（如图2）。

- 己方在保持身体中正安舒，头顶微悬的前提下，放松双肩，迅速抬起右臂，用右手锁对方左腕（如图3）。

- 己方舒伸右臂，在以右手锁死对方左手的前提下，翻转其左腕，使其掌心反转向上，整条臂膀反转僵直。同时，己方右肘自外向内过对方左臂肘，自上向下对其左肘关节施压，使其关节形成反折，从而失去抵抗能力（如图4）。

1

- 在对对方左肘形成反折的基础上，己方继续舒展身体，利用整个身体的贯穿力量，压制其左肘，完成肩旋转式，从而完全带动、破坏对方重心，使其身体失衡（如图5）。
- 顺势将对方压倒，完成防御动作（如图6）。

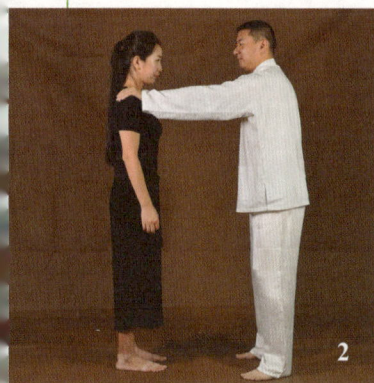

十三、竖笛式

（一）竖笛式（破解）正面单抓手腕的运用

完成本组技术动作需要用到的瑜伽体式是竖笛式（如图1）。

- 对方正面左手抓己方右腕（如图2）。
- 己方右臂向自己左肩回拉，带动对方左臂前伸，身体微转，己方上左脚进步，同时舒伸左臂，自对方左前臂与脖颈间穿过（如图3）。
- 己方在尽量贴近对方身体的同时，左前臂完全舒伸发力、扣压对方颈部。同时，右手继续带动对方左臂回拉，完成竖笛式手部动作（如图4）。

- 己方双臂合力，同时配合身体的扭转，充分牵引、破坏对方重心，使其失衡（如图5）。
- 顺势将对方摔出，完成防御动作（如图6）。

（二）竖笛式（破解）正面对侧搭肩的运用

完成本组技术动作需要用到的瑜伽体式是竖笛式（如图 1）。

- 对方正面搭对侧单肩。注意，此式动作所特别注重的是应势变化，如对方来势迅猛，己方则急应，如对方劲缓力沉，己方则缓随之（如图 2）。

- 顺应对方来势，己方身体向右后侧微转，带动、拉直对方右臂，并造成其身体微倾，同时右手搭锁住对方右腕，使其无法撤回（如图 3）。

- 己方右手拧转对方右腕，使其右臂翻转，掌心向上，右臂僵直。同时，己方左手

1

向上舒伸，自上而下用己肘侧压对方右肘，使其右肘关节被己方锁死，并形成反折，从而带动其身体重心的整体失衡（如图4）。

- 己方充分发力，完成竖笛式手部动作，配合身体前倾，向下扣压对方手肘及手臂（如图5）。
- 完成防御动作，顺势将对方摔出（如图6）。

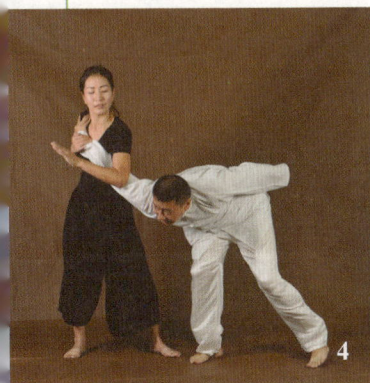

（三）竖笛式（破解）正面直拳的运用

完成本组技术动作需要用到的瑜伽体式是竖笛式（如图1）。

- 对方正面直拳攻击（如图2）。
- 己方起左臂，迎挡对方右拳（如图3）。
- 己方上步近身，左手腕迎挡对方右腕向上的同时，舒伸右臂，由对方右臂外侧绕过对方手臂，反扣对方右肘，与左手形成合力，完成竖笛式手部动作（如图4）。

- 己方左手继续向前下方压制对方右腕，同时，右手继续回拉，加强两手的合力，使对方手肘及手臂形成向后的反折（如图5）。
- 己方保持身体中正安舒，重心稳定的基础上，将身体向前下压（如图6）。
- 推击对方被锁死的右臂，顺势将对方击出，完成防御动作（如图7）。

（四）竖笛式（破解）正面抓领子的运用

完成本组技术动作需要用到的瑜伽体式是竖笛式（如图1）。

- 对方自正面用右手抓己方领子（如图2）。
- 己方身体向右后侧微转，右手搭扣住对方右腕，按压对方手掌向下平贴，使对方拇指朝下，从而拉直对方右臂（如图3）。

- 己方右手扣住对方右腕使对方右手不要脱离，同时左手向上舒伸，用己肘向右下方压制对方右肘（如图4）。
- 己方两手合力，同时起右脚踩压对方右膝盖窝，迫使对方被己方所制，并无反抗机会和能力，完成竖笛式动作（如图5）。
- 己方上下合力，顺势将对方摔出，完成防御动作（如图6、7）。

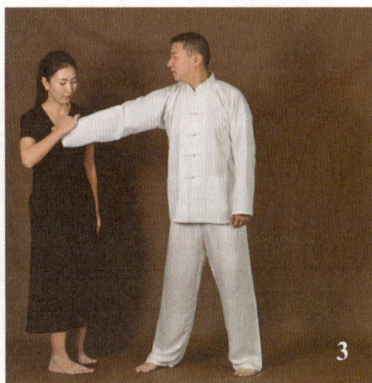

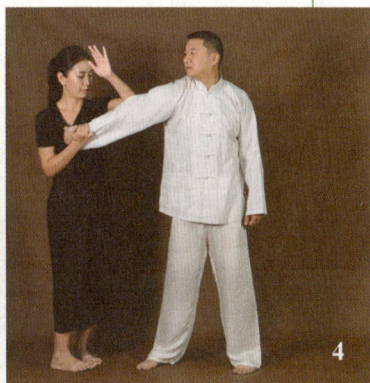

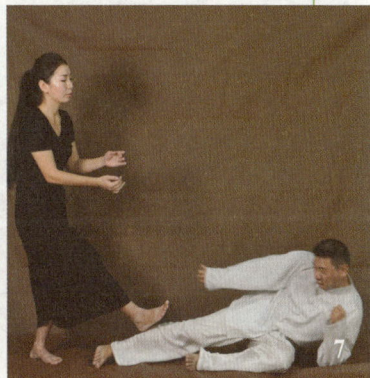

（五）实用组合一的运用

- 对方欲向己方进攻（如图 1）。
- 对方直拳攻击（如图 2）。
- 己方迎前侧身，避过对方拳击，同时摆拳打击对方脸颊（如图 3）。
- 己方右拳推击对方右胯（如图 4）。
- 己方左手搭住对方左肩向左后平带，使对方身体拧转（如图 5）。
- 待对方身体拧转后，己方右手向下扶推对方右胯（如图 6）。
- 顺势将对方摔出（如图 7）。

（六）实用组合二的运用

- 对方直拳攻击（如图1）。
- 己方右手迎接对方右腕，将对方右手臂架于己方左肩上（如图2）。
- 己方向上舒伸左臂，以己肘迎锁对方右肘（如图3）。
- 己方身体下倾，左臂锁死并下压对方右肩（如图4）。
- 己方左臂挟对方右臂向上，带动对方身体拧转，同时右手掌压住对方后颈（如图5）。
- 己方双臂合力，形成顺时针旋转，使对方随之旋转（如图6）。
- 己方待对方身体转向后，左手下拉对方左肩，右手下推对方右胯（如图7）。
- 顺势将对方摔倒（如图8、9）。

1

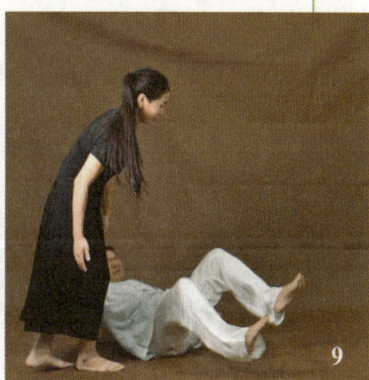

（七）实用组合三的运用

- 对方直拳攻击（如图1）。
- 己方身体微向左转，抬右臂迎挡对方右臂（如图2）。
- 己方以双方接触点为基点，抬右肘绕过对方右臂（如图3）。
- 己方近身舒伸右臂，前臂推击对方脖颈或左肩膀（如图4）。
- 己方继续拧转身体，使对方失去重心（如图5）。
- 顺势将对方摔倒（如图6）。

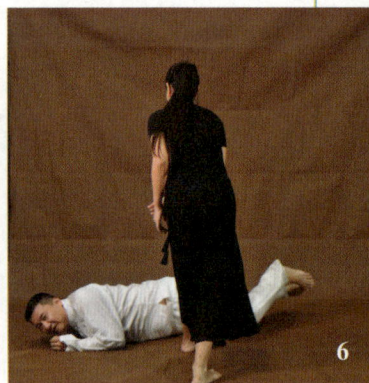

（八）实用组合四的运用

- 对方直拳攻击（如图 1）。
- 己方舒展右臂迎挡对方右臂（如图 2）。
- 己方紧贴对方右臂做逆时针旋转（如图 3）。
- 己方近身，继续完成逆时针旋转动作（如图 4）。
- 己方拧身，同时右臂推击对方左肩或颈，使对方失去重心（如图 5）。
- 顺势将对方摔倒（如图 6）。

（九）实用组合五的运用

- 对方直拳攻击（如图 1）。
- 己方抬左手接扣对方右腕外侧（如图 2）。
- 己方起左脚，踢击对方前腿膝盖（如图 3）。
- 待对方身体前倾，己方左手扣腕回拉，舒伸右臂，右手扶压对方后脑或颈（如图 4）。
- 己方双臂合力，做顺时针旋转（如图 5）。
- 待对方身体转至背对己方时，下拉对方肩、胯，使对方失去重心，从而倾倒（如图 6）。
- 己方顺势回扯对方右臂（如图 7）。
- 将对方右臂于己方小腿或胯处形成反关节（如图 8）。
- 顺势将对方摔出（如图 9）。

1

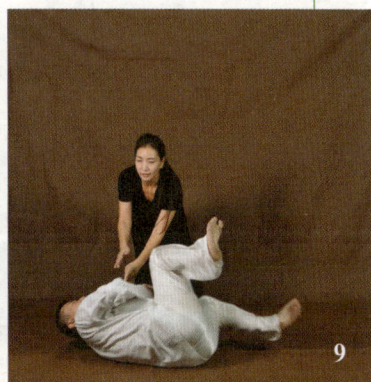

第五章
清瑜伽防御术
在家练习计划

练习前请参看瑜伽练习前注意事项。每次练习15~45分钟即可达到良好的练习效果。也可以根据自身的情况，在不竭力和安全的基础上，自行调整练习的时间和次序。

　　我们做了以下的练习推荐，但是更建议练习者去参加有教练或者老师指导的正规的清瑜伽课程学习。普通的瑜伽课程60~90分钟/节，专业的清瑜伽课程100~120分钟/节。

　　如果没有经验的练习者参看书籍练习，建议一周练习3~5次，姿势练习的时间在45分钟以内，因为15~45分钟的姿势练习足以打通经络，达到练习的效果。还有一点值得注意，并非练习时间越长效果越好，相反，运动过量反而会造成身体的劳损及影响练习效果。

　　注意，患有严重疾病的朋友请先征询医生的意见，再进行以下推荐的体位法、呼吸和冥想练习。

一、针对肩颈僵硬

腹式呼吸或完全式呼吸

预备式 3，脚踝的练习

预备式 4，膝盖的练习

摩天式——拜日一式

直角式——腰的转动——脊柱的转动

预备式 7，侧腰的练习

双角式

预备式 1，手腕的练习

预备式 2，手肘，肩膀的练习

瑜伽休息放松术

二、针对运动不足导致的亚健康

腹式呼吸或喉呼吸

预备式所有练习

摩天式——拜日一式

双角式一式、二式

幻椅式

战斗式一式、二式、三式

单腿站立伸展式

竖笛式

瑜伽休息放松术

三、针对背痛和腰椎

（参见完成"针对肩颈僵硬"）

三角式、三角式扭转

鸟王式

侧角式、侧角扭转式

半月式

瑜伽休息放松术

四、针对精神不振、萎靡

喉呼吸

预备式所有练习

树式

摩天式——拜日一式

直角式——腰的转动——脊柱的转动

舞王式

半月式

幻椅式

竖笛式

清瑜伽防御实践部分

金刚坐

一点凝视法

语音冥想的 AUM(OM)

五、针对压力大和紧张

腹式呼吸或完全式呼吸

摩天式

三角式、三角式扭转

幻椅式

树式

舞王式

战斗式一式、二式、三式

语音冥想的 AUM(OM)、哈瑞·奎师那

瑜伽休息放松术

六、针对消化不良和便秘

腹式呼吸

预备式所有练习

摩天式

树式

单腿站立伸展式

舞王式

三角式、三角式扭转

侧角式、侧角扭转式

金刚坐

语音冥想的 AUM(OM)

七、针对月经失调

腹式呼吸

预备式所有练习

幻椅式

摩天式——拜日一式

直角式——腰的转动——脊柱的转动

战斗式一式、二式、三式

树式

三角式、三角式扭转

舞王式

鸟王式

瑜伽休息放松术

八、针对睡眠（噩梦、失眠）

腹式呼吸或完全式呼吸

一点凝视法

语音冥想的 AUM(OM)、哈瑞·奎师那

瑜伽休息放松术

九、针对孕妇

腹式呼吸

预备式所有练习

幻椅式

半月式

摩天式

脊柱的转动

三角式

战斗式一式、二式

侧角式

树式

竖笛式

莲花坐

语音冥想的 AUM(OM)、哈瑞·奎师那

瑜伽休息放松术

十、针对产后调理 / 肥胖

腹式呼吸或喉呼吸

预备式所有练习

所有体位法练习

金刚坐

语音冥想的 AUM(OM)、哈瑞．奎师那

瑜伽休息放松术

十一、针对儿童的双人瑜伽（带领孩子一起练习）

尽量以休闲娱乐的方式进行，9 岁以下的孩子不要在平衡的练习上坚持太长的时间，5~10 秒钟即可。可以自由编一些体位法的连贯顺序组合，多样的组合变化可以很好地吸引孩子的注意力和兴趣，培养其专注的能力。结束的时候可以带领孩子做简单的静坐和尝试腹式呼吸的练习。

参考文献

[1] 毗耶娑著，罗摩南达·普拉萨德英译并注释，王志成、灵海汉译 . 博伽梵歌 [M]. 四川人民出版社，2015.

[2] A.C. 巴克提韦丹塔·斯瓦米·帕布帕德著，嘉娜娃汉译 . 博伽梵歌原意 [M]. 中国社会科学出版社，2016.

[3] 维亚萨戴瓦著，A.C. 巴克提韦丹塔·斯瓦米·帕布帕德英译，嘉娜娃汉译 . 博伽梵往世书 [M]. 中国社会科学出版社，2013.

[4] 沙吉难陀著，陈景圆译 . 巴坦加里的瑜伽经 [M]. 商务印书馆国际有限公司，2013.

[5] A.C. 巴克提韦丹塔·斯瓦米·帕布帕德著，杨培敏、冷晓臣译 . 觉悟自我的科学 [M]. 东方出版社，2015.

[6] 吴国学 . 奥义书思想研究 [M]. 人民出版社，2017.

[7] 柏忠言、张蕙兰编著 . 瑜伽气功与冥想 [M]. 人民体育出版社，1986.

[8] 德斯卡查尔著，陈丽舟、朱怡康译 . 瑜伽之心 [M]. 电子工业出版社，2014.

[9] BKS 艾扬格著，余丽娜译 . 瑜伽之树 [M]. 当代中国出版社，2011.

[10] BKS 艾扬格著，王东旭、朱彩虹译 . 帕坦伽利瑜伽經之光 [M]. 海南出版社，2016.

[11] BKS 艾扬格著，王晋燕译 . 瑜伽之光 [M]. 当代中国出版社，2011.

[12] BKS 艾扬格著，王东旭译 . 瑜伽经的核心 [M]. 海南出版社，
　　 2017.

[13] 毗耶娑著，黄宝生译 . 博伽梵歌 [M]. 商务印书馆，2010.

[14] 阿罗频多著，徐梵澄译 . 博伽梵歌论 [M]. 商务印书馆，
　　 2010.

[15] 徐梵澄译 . 五十奥义书 [M]. 中国社会科学出版社，2011.

[16] 泰奥多著，徐达斯译 . 道从这里讲起：《博伽梵歌》解读
　　 与会通 [M]. 九州出版社，2013.

[17] 杨禹廷 . 太极拳动作解说 [M]. 1961.

[18] 李秉慈、翁福祺编著 . 杨禹廷太极拳系列秘要集锦 [M]. 奥
　　 林匹克出版社，1990.

[19] 宫本武藏、柳生宗矩著，何峻译 . 武艺二书：五轮书 – 兵
　　 法家传书 [M]. 海南出版社，2006.

[20] 王宗岳等著，沈寿点校考译 . 太极拳谱 [M]. 人民体育出版
　　 社，1991.

[21] 佳杜茹阿妮・戴薇・妲西等绘，张东平著，瑜伽的艺术
　　 [M]. 陕西师范大学出版社，2006.

[22] 佳杜茹阿妮・戴薇・妲西等绘著，嘉娜娃译 . 瑜伽的艺术续
　　 篇 [M]. 陕西师范大学出版社，2006.

后 记

1

　　此书对清瑜伽的宗旨理念和方式方法已经有了非常详尽的介绍。瑜伽的"梵我合一"，梵，就是瑜伽，就是至善；我，就是个体，就是超越了自私的大我。这个我，不是中国人，不是外国人，不是动物，不是思想，是核心内的本我。

　　如何合一，及合一的方式，在各个瑜伽派系里都已有了详尽的介绍和方法，在此就不重复叙述了。

　　自古以来，中华民族都是一个大而能容、容而能和的伟大民族。特别是改革开放至今，瑜伽文化的流行是对人们传统思维的一种扩展和突破。

　　在此，清瑜伽的诞生更给了人们让瑜伽融入生活中的一种更好的体验。对我而言，更是受益匪浅。

　　清瑜伽传统瑜伽的练习部分，在学员刚开始练习时是非常重要的。在这里特别提出，则是针对有技击需求又很"僵硬"的成年朋友的。随着我们年龄的增长，我们也在慢慢地丧失一些先天的本能。比如，我们的腹式呼吸或完全式呼吸会随着年龄的增长而变成胸腔式呼吸方式，并且呼吸的时间逐渐短粗。随着年龄的增长，开始感到身体逐渐僵硬、不灵活，甚至会发现自己变矮了等等。传统瑜伽体

式的练习则是恢复先天本能、婴儿状态的极佳方法。在这
个过程中，就像将团起来的绢布逐渐展开，或在困乏时伸
了个舒服的懒腰似的。它是将你攒起来的身体逐渐展开的
过程，身体将处于一种放松且自然的状态。

　　清瑜伽后续的防御练习，则是让这些发散的自然之力，
集中、顺畅地应用于实践之上，作用于对方之身，从而达
到真正的以柔克刚。这个过程是放松的、是顺畅的，是不
与对方抗力的。这需要系统的学习和充分的练习才可以达
到。所以，在练习的过程中，很多学员会发现，看起来很
简单的动作，做起来却不是那么容易，或者是在起初的实
践中达不到理想的效果，这些都是正常的现象及必经过程。
这就需要学员来到清瑜伽的课程中详细地了解和学习。

　　本书所精选的五十三组实用动作，是清瑜伽防御术基
础十三式的灵活展现，契合了传统瑜伽体式，并精简和优
化了传统及现代的防身技法。在实际运用的过程中，让人
能够相对容易地达到随心所欲和劲力贯通的境界。从而达
到以聪明的方式，在不争的状态下展现出清瑜伽防御护生
之功效。

清瑜伽主创人　田艳清

2017 年 11 月 22 日于北京

2

　　中国和印度，都是注重实践与"行"的国家。而日本，是更注重理想与"理"的国家。故而，中国人和印度人修行了一辈子，都只是追求个"合一"（天人合一，梵我合一）而已，做什么都只求个有德；而日本人则更加富有幻想与浪漫主义色彩，不论什么东西都先挂靠上最高境界再说，如花道、茶道、武道、合气道、空手道等等。

　　此二者，究其根本并无本质差别，一个是以修入道，一个是以道引修。

　　清瑜伽是二者之结合，即重于行，亦重于理。就行而言，清瑜伽的修行方法完全继承于中印文化，是次第的渐行；就理而言，清瑜伽与日本"武道"在境界上亦有相同、相通之处，是超越次第的顿悟。

　　众所周知，日本武道源于中国文化，是对中国武术的继承与发挥。其在后期更加融合了中国禅宗的思想，将"杀人刀"与"活人剑"概念引入了日本武道当中。其中最为突出的便是剑道。

　　同样的一把武士刀，一方面可称其为"刀"，而同时亦可称之为"剑"，其间的差别，可以说只在"心"与"技"之间。

刀是凶器，是杀人的工具，而其代表的刀术则是纯粹的杀人技术，杀生方法。

而剑则是礼与德的象征，是达到"道"之境界的阶梯，其代表的剑术则是通往"道"境的方法。

武士刀一物二称，只因其所持练者的特定状态不同而称谓有异。

称刀，性属金，为阴，表死，主克敌技术，主杀戮。

称剑，性属土，为阳，表生，主达道之法，主宽容。

所谓土生金，故而只有以术入道，以宽容而取代杀戮，对众生行以仁慈，方可成其大术，达至大"道"。

依"技"而分：

习练者拥有极精纯的技术，在任何恶劣的情势之下，不论对方的攻势如何猛烈，均可游刃有余地悠游于对方的攻击空隙，在"人不知我，我独知人"的状态下，以最慈悲、极宽容之心止杀、护生，举手投足间"降敌"而不杀，即为禅宗所谓的"活人剑"。

与之对应的杀人刀，则要求习练者拥有足以自保的、出色的杀敌技术，不论对方的技法多高，攻势多猛，都能够沉着冷静，以己优克彼短，发挥出自身的强大武力与技术，

在己方不受伤或少受伤的情况下，运技杀敌以自保，以自信、果敢、坚韧之心，以暴制暴，以强于对方的暴力达到自保、止杀的目的，如此者，即为禅宗所谓之"杀人刀"。

依"心"而分：

在持刀的那一刹那，心中念念为善、为慈、为悲、为众，即升为剑术。

在持刀的那一刹那，心中念念为杀、为暴、为嗔、为私，即坠为刀术。

而当持刀者的心与剑均已臻入佳境，心术止于至善，剑法炉火纯青之时，方可谓为"剑道"。

同理，中国的武，也可分为武术和武道。

所谓武术，即以足够之能力达到止戈之目的者，为武术（杀人刀）。

所谓武道，即能力无限，已达到真正的无戈可止的境界者，为武道（活人剑）。

无能力，故而不得不止戈者，非武也！

清瑜伽最初追求的必然是"术"（杀人刀）的境界，即，首先你得学会自保。

但清瑜伽的最终追求一定是"道"（活人剑），即清瑜伽核心理念：非暴力的无私奉爱。

　　杀是活的基础，活是杀的目的。清瑜伽一直提倡的非暴力，即为术（杀人刀）与道（活人剑）的统一表述，同时亦是禅的精神。

　　非暴力不是软弱到无力自保者的漂亮口号，而是在有能力自保的基础上的止武不杀，继而随着心之境界与技之能力的提升，最终将两者合二而为一，达到"至善"，达到"活人剑"的境界。

　　不论你的技术有没有达到活人剑的境界，但请在开始清瑜伽练习的那一刹那起，便从心出发，让感恩、无私、宽恕和爱，念念于心。当我们的心念向着至善进发时，"活人剑"便已是必然的结果。

　　最直白地说，清瑜伽防御术最无上的心法就是它的核心理念，而清瑜伽最精妙的技法并非是对固定体位法或招式的繁杂演变，或是对每招每式的拆解、运用。清瑜伽防御术技法的最精妙处在于，它只是要教会你一个原则，即在不与对手抗力、较劲的基础上，以轻松、缓和的心态为依托，以柔顺、舒展、流畅为运动原则，随人之势，应势而变，不丢不顶，舍己从人。在充分展现出自我之瑜伽体

位功夫的同时，附之以自然的关节锁技，并在突出自身身体优势的情境下牵制或压制对方，破坏对方重心及平衡，以巧破千斤，以飘逸的动作来展现出显著的防御效果。

　　本篇即是清瑜伽防御术的结束，同时也是开始，希望清瑜伽防御术能够带给每一位修习者以新意，以启发。

清瑜伽辅创人　杨霏

2017 年 11 月 22 日

瑜伽寄语

　　瑜伽是一种身心灵全方位的保养方法，它培养了我正确的生活方式，引导我积极乐观的生活态度；不仅给予我身体的变化，更带给我心灵和精神上的愉悦和自我的认知！感恩大自然赐予我最美好的礼物——瑜伽，更感恩老师的谆谆教诲。

　　将瑜伽带入生活中，用瑜伽的生活方式——素食、勤勉，戒除不良生活习惯。并将它作为自身的事业来从事，对真心喜爱瑜伽的我而言，是一份缘，更是一份幸福！我将继续用心体会平淡生活中的点滴和受益，学会真正的感恩和谦卑，以用心、谨慎的态度继续瑜伽的修习，并在学习和生活的过程中更加珍惜和坚持。

——田艳清

清瑜伽防御术寄语

　　清瑜伽防御术是对传统瑜伽功能性的拓展，它给予了我们更多的自信心、安全感，使我们的心态平静了，激发出无限的欢愉，给予我们的不仅是一种单纯的防御技术，更带给我们对幸福生活及美好未来的憧憬和实现。

　　感恩大自然给我们的礼物——瑜伽；感恩瑜伽所包含的无限的可能性及切实功效；感恩每一位来体验清瑜伽防御术的学员和朋友。

　　将清瑜伽带到生活中，在保持瑜伽生活方式的同时，让仁慈、感恩、知足、喜悦漫溢于内心，具足勇气、敢于担当。这便是真正的防御，真正的武。

　　　　　　　　　　　　　　　　——田艳清　杨霏

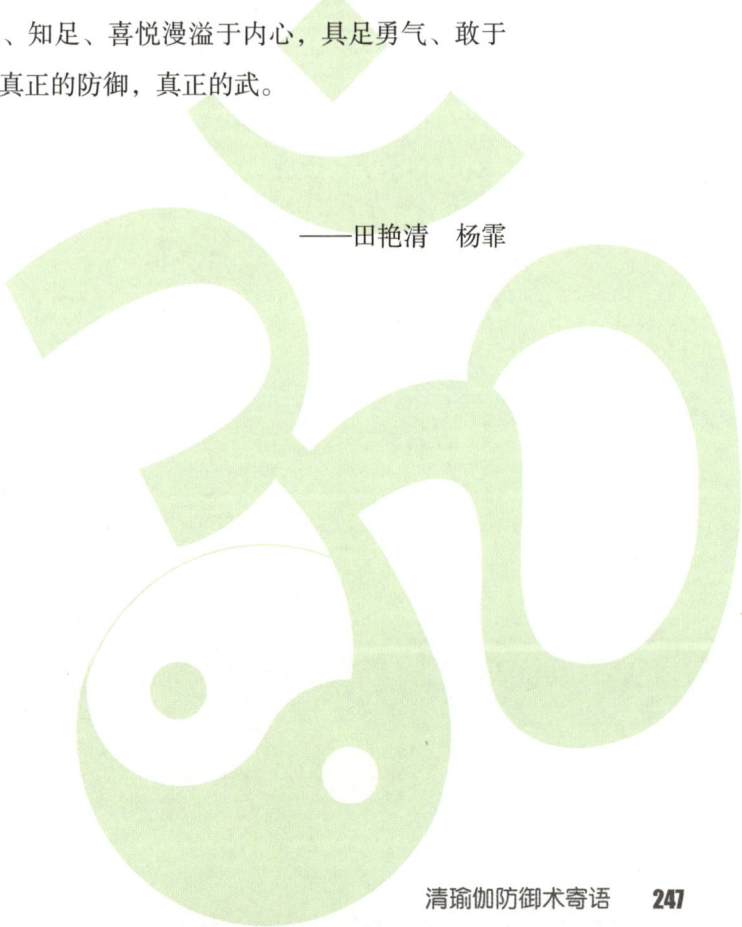

致　谢

　　《清瑜伽防御术》的出版与发行，是在众多好友及老师的帮助下协作完成的。

　　首先，我们要感谢挚友刘成先生，在整个出版环节中所付出的辛勤工作及不懈努力，感谢李云德先生、刘静女士的鼎力支持。同时，要感谢为本书拍摄照片的张翼飞夫妇，及在拍摄照片期间提供便利和支持的任文涛夫妇。最后，更要感谢北京中尚图文化传播有限公司与民主与建设出版社的各位相关编辑和领导。

　　希望在日后的清瑜伽教学中，能够结识更多的朋友，共同感受瑜伽之乐。